AF452222

CATALOGUE

DU

MUSÉE DÉPARTEMENTAL

DE L'KÉRIOLET

PRIX : **50 Centimes**

LE TENDRE, Concarneau
1900

CATALOGUE

DU

MUSÉE DÉPARTEMENTAL

DE KERIOLET

CATALOGUE

DU

MUSÉE DÉPARTEMENTAL

DE KERIOLET

PRIX : **50 Centimes**

Librairie LE TENDRE, Concarneau

1900

LE CHATEAU & LE MUSÉE DE KERIOLET

LE CHATEAU

Le château dans lequel est installé le musée
départemental de Keriolet se trouve à un
kilomètre environ de Concarneau, sur le ter-
ritoire de Beuzec-Conq. Château et musée
sont comme le beau domaine auquel ils appar-
tiennent un don de la princesse Narischkine,
veuve en premières noces du prince Yous-
soupoff et, en secondes noces, du comte de
Chauveau.

« Je suis heureuse, écrivait, en 1890, la
princesse au préfet du Finistère, M. Proudhon,

de laisser à ma seconde patrie un nouveau gage de l'amitié qui l'unit à la Russie, mon pays d'origine. »

En faisant don au département du domaine et du château de Keriolet, Mme de Chauveau-Narischkine s'en était réservé l'usufruit sa vie durant. Elle est décédée le 28 octobre 1893, à l'âge de 90 ans, dans le magnifique hôtel qu'elle habitait à Paris au Parc des Princes, non loin du bois de Boulogne.

Peu de temps après, le département entrait en possession du château de Keriolet et de ses dépendances. Le tout constituait une propriété de près de cinquante hectares dans laquelle étaient comprises les terres du Moros, aliénées depuis pour créer des ressources indispensables à l'entretien de Keriolet. Le Moros a appartenu à la famille Duquesne. Une belle statue du grand homme de mer, en granit de Kersanton, placée par M. le comte de Chauveau, à l'entrée du Moros, sur la route de Concarneau à Lanriec, rappelle ce souvenir.

Le nom de Keriolet est très répandu en Basse-Bretagne. La forme primitive de Keriolet est Kaer-Riolaë (*Cart. coris, fol. 3o r°*). La racine Ri veut dire ici chef et se trouve au début de nombreux noms propres (*Loth. Chrestomathie bretonne, page 228*).

Keriolet a appartenu aux familles de Trédern, Euzeno de Kersalaun, Billette. Ce fut dans l'ancien manoir qu'à la fin du

XVIIIe siècle Messire Claude de Marigo, prêtre, passa les dernières années de sa vie : il y écrivit ses *Buez ar Zent* (Vies des Saints) qui sont encore lues par de nombreux paysans de Basse-Bretagne. La tradition rapporte que Messire de Marigo, ancien recteur de Beuzec-Conq, avait abandonné le ministère paroissial à la suite d'une inhumation prématurée.

Le château actuel de Keriolet a été bâti d'après les plans d'un architecte de talent, M. Bigot père, décédé il y a quelques années, et auquel on doit les flèches si hardies de la cathédrale de Quimper.

On ne lira pas sans intérêt les détails que cet architecte lui-même a donnés sur la construction de Keriolet dans une lettre adressée, en 1890, au rédacteur en chef du *Finistère*, et publiée, à cette époque, par le journal quimpérois.

« Dans le temps, dit M. Bigot père, une simple maison s'élevait à l'endroit où l'on voit se profiler l'ensemble des constructions actuelles. Elle était habitée par des cultivateurs.

« Ce bâtiment pouvait à peine être classé au nombre des plus humbles manoirs. Il avait un rez-de-chaussée peu élevé, mais double. Du côté du midi montait un premier étage couvert d'un grenier mansardé. Vers le nord, le toit se prolongeait en appentis.

« Selon l'usage de la campagne, la porte restait toujours ouverte.

« Les dimanches et jours de fêtes, les marins venaient se reposer avec leur famille à l'ombre des grands arbres que l'on voyait comme aujourd'hui dans ce lieu charmant. La société élégante de Concarneau s'y rendait en promenade après vêpres. On jouait aux barres ou à Colin-Maillard. C'était comme un petit Pré-aux-Clercs breton...

« Depuis l'acquisition par Mme de Chauveau du manoir qui lui a servi immédiatement de demeure d'été, d'importantes additions y ont été faites chaque année. Cette manière de procéder a peut-être nui à l'unité générale des constructions, mais il faut croire que ce défaut est peu saillant, car les nombreux artistes qui ont visité Keriolet en ont reçu, dès l'abord, une impression favorable.

« A la campagne où la nature offre aux regards une variété d'aspects sans cesse renaissante, il est permis de sortir de la monotonie des grandes lignes exigées pour les monuments publics. L'architecture du Moyen-Age y semble mieux à sa place et on peut la laisser s'y épanouir en toute liberté.

« L'Angleterre nous offre particulièrement à ce sujet des exemples et des modèles.

« Mais à quelles circonstances est dû le plan actuel de Keriolet ? Je vais le dire.

« Immédiatement après son acquisition la princesse Narischkine me demanda un projet de château dans le style dit d'Elisabeth d'Angleterre. L'étude que je fis de ce projet parut d'abord lui plaire ; mais la réflexion et la vue des manoirs et des églises du xvie siècle, qu'elle rencontrait à chaque pas, modifièrent ses desseins.

— Puisque je suis en Bretagne, me dit un jour la princesse, dans le pays de la bonne duchesse Anne, construisons des édifices du style breton...

« Pressée d'habiter Keriolet, la princesse fit nettoyer et meubler la maison primitive qu'elle n'a pas quittée depuis.

« J'édifiai d'abord l'aile située au fond de la cour d'honneur où se trouve la tour à laquelle on monte par un escalier circulaire, et d'où la vue plonge au loin sur l'Océan.

« Cette construction terminée, je saisis une occasion pour faire remarquer à la princesse le violent contraste qu'offrait cette aile avec l'aspect de l'ancienne maison.

— Puisque je suis logée dans cette maison, me répondit-elle, j'y reste. Je suis venue loin du monde pour respirer l'air pur et goûter le calme que l'on trouve dans le bon pays de Bretagne. Je ne voudrais pas que mon modeste logis fût envahi maintenant par les ouvriers. Trouvez un moyen d'en changer l'aspect extérieur sans qu'un ouvrier y pénètre pour démolir et je vous laisse libre d'agir.

« J'acceptai sur le champ la proposition et me mis à l'étude. Mes plans furent bientôt faits et réalisés.

« C'est ainsi que le manoir primitif a pris un nouveau visage.

« Il ne restait plus, dès lors, qu'à terminer une grande aile méridionale comprenant le hall, appelé Salle des Gardes par M. de Chauveau, le logement des étrangers, la chapelle, un nouvel escalier en pierre avec sa tourelle soutenue par une colonne détachée, les galeries et vérandas.

« Cette construction est, sans contredit, la plus belle. Elle renferme, entre autres objets d'art, d'anciennes tapisseries des Flandres d'une haute valour.

« Les fenêtres de la grande salle sont ornées de vitraux peints par un artiste de Paris. On y remarque plusieurs figures représentant des rois de France.

« Cette salle, garnie d'objets d'art, est d'un aspect magnifique.

« Grand appréciateur du musée de Cluny, à Paris, M. de Chauveau désirait trouver à Keriolet quelque chose qui lui en rappelât le souvenir. Son goût l'attirait vers les beautés artistiques du Moyen-Age.

« La princesse avait elle-même un sentiment très raffiné de l'art, tellement qu'à Saint-Pétersbourg la voix publique l'avait décorée du titre de Surintendante des Beaux-Arts. »

En résumé, l'architecte a cherché, l'on peut dire réussi, à donner à Keriolet l'aspect d'une habitation seigneuriale du temps de

Charles VIII, Louis XII et François Ier, et il a heureusement trouvé pour exécuter ses plans deux entrepreneurs habiles et disposant d'un fort outillage, MM. Martineau et Bonduelle, de Concarneau. Son appareilleur était M. Le Naour, de Quimper.

M. Bigot a emprunté à différents édifices du Moyen-Age, comme le château de Blois, mais particulièrement à des édifices bretons de la même époque, des fragments plus ou moins importants, des dispositions, des motifs, des ornements. La tourelle-escalier de Keriolet est imitée de celle du château de Rustéphan, près Concarneau ; le portail d'entrée a été inspiré par les ruines pittoresques du portail du prieuré de Locamand, à la Forêt-Fouesnant ; les meneaux des vitraux de la chapelle sont la copie exacte de ceux de la Trinité, en Melgven.

Toutes ces reproductions ont le caractère de l'architecture de la fin du xv° siècle. « Epoque charmante, écrit quelque part Gustave Droz, où apparaissent les premières élégances touffues et joyeuses de la belle Renaissance. Ce n'est encore qu'une lueur et comme le reflet rosé d'un soleil qui se lève. Il y a alors dans l'architecture française une sorte de frisson, analogue à celui d'une belle fille qui prépare sa toilette de bal. »

Dans la seconde moitié du xv° siècle et au xvi, on attacha beaucoup moins d'importance à ce qui avait fait auparavant la force des places et des manoirs féodaux, car on connaissait les effets irrésistibles du feu des canons. Si nos ancêtres donnèrent encore à leurs châteaux une apparence militaire, ils en firent, à l'intérieur, des logis agréables et fastueux.

« On ne cherchait plus alors, dit M. de Caumont, les éminences pour l'établissement des châteaux. On avait reconnu les incommodités de plus d'un genre attachées à ces hautes positions, toujours d'un accès difficile, et l'on était descendu dans les plaines et vallées où l'eau, si utile pour les besoins de la vie, se trouvait en abondance. »

C'est dans une situation semblable qu'est bâti le château de Keriolet. Il émerge tout-à-coup d'une masse de verdure, gracieuse évocation d'un âge disparu, ensemble harmonieux, quoique composite, de ciselures, de galeries, de frontons et de pinacles, qui chantent les élégances nobiliaires d'antan et que domine une tour sourcilleuse.

Du haut de cette tour et des fenêtres du premier étage, le visiteur contemple un admirable panorama : Concarneau, son port, sa Ville-Close et une partie de sa baie, sillonnée, la plupart du temps, par des centaines de bateaux-pêcheurs.

Ces bateaux évoluent, se groupent et s'ébattent sous leurs voiles blanches, semblables à des vols d'oiseaux marins.

Les statues d'Anne de Bretagne et de

Charles VIII ornent le parterre qui s'étend devant le château. On y voit aussi une Velléda, copie de celle de Maindron, et un Vercingétorix en pierre de Kersanton, très habilement reproduit. Dans une petite cour, à l'est, est un puits artistique, fait de la même pierre et signé Even, de Morlaix.

Le parc, avec ses châtaigniers, ses chênes et ses hêtres séculaires, a de délicieuses fraîcheurs. On lui a laissé autant que possible toutes ses beautés naturelles. La mousse et l'herbe en verdissent les avenues, et il offre, en certains endroits, du côté de la pièce d'eau, par exemple, des sites bien propres à tenter le pinceau des artistes et que n'ignorent pas ceux dont Concarneau est le séjour de prédilection et qui extériorisent, tous les ans, en des toiles suggestives, un peu du ciel et de l'âme enchantée de la Bretagne.

LE MUSÉE

Le musée de Keriolet mérite bien la réputation qu'il a déjà conquise parmi nos musées nationaux, Nous ne pouvons mieux faire que de rappeler, à ce propos, le passage suivant du rapport lu par M. Hémon, dans la séance du Conseil général du 22 août 1890 :

« La visite du château et des galeries qu'il renferme nous a laissés sous une impression d'admiration que nous ne saurions taire. Au spectacle de cette merveilleuse variété de richesses artistiques, de ces curieuses recherches de style, de ce remarquable et persévérant effort vers la réalisation du beau, nous avons mieux compris que M{{me}} de Chauveau-Narischkine ait voulu soustraire son œuvre aux hasards de l'avenir, et nous avons senti grandir notre reconnaissance pour celle qui destine à la France et à la Bretagne un si fastueux cadeau. »

« Et plus loin : « Telle des salles, le grand hall, par exemple, est une merveille et constitue un musée tout fait. »

Disons en passant que le plafond en chêne sculpté de cette salle reproduit celui de la salle capitulaire de Reims.

Les tapisseries des Flandres sont une des principales richesses du musée de Keriolet.

Il faut y ajouter, comme on le verra par le Catalogue, une belle collection de faïences de Rouen, de Sinceny, de Nevers, de Strasbourg, de Delft ; des porcelaines de Chine et du Japon ; des terres cuites vernissées d'Allemagne, d'Italie, de Hollande, etc...

On sait que le goût et l'usage des tapisseries étaient très répandus au Moyen-Age. Les manufactures des tapisseries de Flandre avaient déjà au xiie siècle une grande renommée. Elles prirent encore plus de développement au cours des siècles suivants. Arras, Bruxelles et Oudenarde fournirent bientôt leurs ouvrages à toute l'Europe. Ces ouvrages eurent même un tel succès en Italie que le grand-duc Côme de Médicis créa à Florence une manufacture pour en exécuter de semblables et chargea plusieurs peintres célèbres d'en dessiner les cartons. Urbin, Mantoue et Venise eurent bientôt des ateliers du même genre.

Les tapisseries flamandes du Musée de Keriolet, et notamment celles qui ornent la Salle des Gardes, peuvent être classées parmi les plus belles.

Le Musée possède, comme nous l'avons dit plus haut, des spécimens remarquables de faïences de Rouen et aussi de Nevers, dont la fabrique précéda de quelques années celle de Rouen, qui en subit l'influence artistique.

La faïencerie de Rouen a été fondée, en 1646, par Pierre Poriel. On y a d'abord fabriqué des assiettes et des plats dont les bords étaient ornés en camaïeu bleu, de Chimères, d'oiseaux ou de fleurs, et le centre décoré de fleurons. Ce n'est que vers la fin du XVIIe siècle que les artistes rouennais se mirent à exécuter des décors polychromes.

Le décor au Carquois et le décor à la Corne d'abondance, qui se partagent les suffrages des amateurs, et que l'on voit sur plusieurs pièces du Musée de Keriolet, marquent la fin du style Louis XV.

Au déclin du siècle dernier, il ne restait plus à Rouen qu'une seule fabrique appartenant au sieur de Caussy. Elle fut détruite par un incendie et son propriétaire vint s'établir à Quimper où il avait déjà une succursale.

On comprend que la tradition de Rouen se soit perpétuée à Quimper. « Ce qu'il y a, dit M. Marius Vachon, dans les collections artistiques et privées, sur les murs des salles à manger des bourgeois bibelotteurs, de fausses vieilles faïences de Rouen, à la corne, aux décors rayonnants, ocrés, etc... provenant de Quimper, est prodigieux. » (*Les Industries d'Art*, 1897.)

Deux belles imitations de vieux Rouen en faïence de Quimper sont exposées sous une des vitrines du Musée de Keriolet. Elles portent les numéros 310 et 311.

Quant à la faïencerie de Nevers, elle a passé successivement, suivant le goût et la fantaisie de ses artistes, du style italien au style persan, puis au style chinois, pour adopter, au XVIIIe siècle, le style populaire.

Sous la Révolution, on fabriqua à Nevers, à la Charité-sur-Loire, à Quimper, etc..., des assiettes dites patriotiques. Notre Musée possède quelques échantillons assez curieux de cette céramique.

On peut aussi mentionner ses faïences de Sinceny, de Moustiers dont la fabrique eut son apogée dans la seconde moitié du XVIIIe siècle, avec Olery ; de Strasbourg, qui fleurit à la même époque, sous les Hannong.

Les anciennes faïences hollandaises de Delft furent fabriquées à l'imitation des porcelaines de Chine. Ces faïences, devenues rares, sont cotées à très haut prix.

Le mobilier ancien est surtout représenté, au Musée de Keriolet, par des crédences du style Louis XV, des chaises et des fauteuils Louis XIII et Louis XIV, garnis de tapisserie au point, par des commodes ventrues en marqueterie, avec bronzes en sarments, du temps de Louis XV et de Louis XVI.

La nationalité de la donatrice se révèle dans certains objets, parmi lesquels une coiffure russe, très originale, que les paysannes portent, les jours de cérémonie, et qui se nomme *Kakochnik*. Certains autres, comme le bureau de Mirabeau et le lit de la grande tragédienne Rachel (*Chambre de la Comtesse*), sont curieux à cause des souvenirs qu'ils évoquent. Mais, parmi les richesses du Musée, le Chartrier mérite une mention spéciale. Il renferme plus de cinq cents pièces manuscrites dont quelques-unes fort précieuses.

La Chambre du Roy, que l'on visite au premier étage, nous reporte à une date intéressante de notre histoire nationale. Les propriétaires de Keriolet comptaient fermement, en 1872, sur le retour du Comte de Chambord. Ils espéraient que le nouveau roi leur ferait, à cette occasion, l'honneur de passer au moins une nuit dans leur château, et la chambre dont nous parlons était toute prête à le recevoir. Ils avaient même poussé la prévoyance jusqu'à faire graver deux plaques au chiffre et aux armes d'Henri V pour l'équipage qui l'aurait amené à Keriolet. Ces plaques ont été conservées, les visiteurs peuvent les voir dans la Chambre du Roy.

La chapelle du château, véritable bijou architectural à l'extérieur, n'est pas moins belle au dedans.

Les vitraux représentent les principaux épisodes de la vie du Christ, de la Sainte-Vierge, de Sainte-Anne, de Saint Charles Borromée, de Sainte Bathilde, épouse du roi Clovis II, et de Saint-Louis. Cet édifice a une voûte toute boisée de chêne, dont le modèle a été pris à la collégiale qui touche à la cathédrale de Nantes. Cette collégiale fut autrefois le manoir de la duchesse Anne de Bretagne.

On remarque encore dans la chapelle un banc d'œuvre très délicatement ouvré, et qui est dû à un artiste breton.

La chapelle s'est enrichie, par échange, depuis la donation Chauveau-Narischkine, de deux autels et d'un rétable du dix-septième siècle. Ces trois ouvrages ont une très réelle valeur ; ils appartenaient à l'église de Nevez (arrondissement de Quimperlé).

D'une façon générale, le Musée de Keriolet doit beaucoup à l'intelligence artistique et au zèle de M. Gérin-Roze, ancien conseiller de préfecture du Finistère, ancien vice-président du Comité de surveillance de Keriolet, qui a exercé pendant plusieurs années un contrôle aussi actif qu'éclairé sur toutes les parties du domaine. Une section de ce musée est aujourd'hui exclusivement réservée à la Bretagne ; la première idée de cette création appartient à M. Deyrolle, artiste peintre à Concarneau.

Nous consacrerons aux collections bretonnes de Keriolet, et, en particulier, à celle des coiffes, une courte notice, avant de passer aux numéros du Catalogue qui les concernent.

A. PABAN,

Régisseur du domaine de Keriolet,
Conservateur-adjoint des collections artistiques.

CATALOGUE DU MUSÉE

REZ-DE-CHAUSSÉE

Cloître des Lauriers

1. **Dressoir** à cariatides en vieux chêne sculpté.
2. **Quatre assiettes** décor polychrome portant les dates 1767, 1769, 1785, 1786 (Nevers).
3. **Deux assiettes** faïence portant les dates 1743 et 1773 (Nevers).
4. **Assiette** décor polychrome offrant au fond la figue allégorique de l'Eté avec l'inscription : « L'Eté, Perrine Reneau, l'an VIII ». (Nevers).

5. **Plat rond** décor polychrome. Cavalier tenant une lance et un arbuste (Espagne).

6. **Six boîtes russes** avec couvercles en écorce de bouleau.

7. **Plat rond** à bord mouluré et festonné, décor polychrome à fleurs (Strasbourg).

8. **Huit assiettes** à décors bleus variés (Delft).

9. **Deux boites** rondes à plusieurs compartiments, laquées rouge (Russie).

10. **Trois sébilles** gobelets, laquées rouge (Russie).

11. **Portrait d'homme** portant une riche armure et le collier de la Toison-d'Or. (Ecole française — XVIᵉ siècle).

12. **Portrait de grand seigneur** portant la perruque à rallonges de l'époque de Louis XIV. Cadre en bois sculpté et doré du temps. (Ecole française — XVIIᵉ siècle.)

13. **Tableau** représentant le Jugement de Salomon. (Ecole allemande.)

14. **Quatre sièges** Louis XIII recouverts en cuir de Cordoue.

15. **Une aquarelle** représentant la cheminée de la Salle des Gardes.

16. **Une statuette** de Jeanne d'Arc (plâtre).

17. **Petite glace** à fronton, décorée d'ornements gravés. Chiffre C S. Ecusson

soutenu par deux lions héraldiques. Date 1761.

18. **Horloge** sur console. (Louis XVI).

25. **Assiette** à décor patriotique. Au fond, fleur de lis jaune et inscription : « Vive le roi ! » dans une couronne de feuillage (Nevers).

448. **Assiette** à bord festonné, décor polychrome (Strasbourg).

459. **Compotier** festonné (Strasbourg).

465. **Assiette** à bord festonné, décor polychrome (Nevers).

Salle Saint-Hubert

26. **Tapisserie** Renaissance des Flandres représentant une scène de tournoi. Bordure composée de fleurs allégoriques et médaillons de paysages animés de personnages.

27. **Tapisserie** Renaissance des Flandres représentant un sujet de chasse au faucon. Large bordure composée de figures allégoriques placées sous des dais et sous des tonnelles, groupe de fruits, de fleurs, etc...

28. **Tapisserie** provenant de la même suite que la précédente. Elle représente un sujet de chasse et est encadrée d'une bordure absolument semblable à celle du numéro 27.

29. **Deux fragments** de bordure de tapis-
    series Renaissance, à fleurs, figures
    allégoriques, etc...
30. **Portrait** de Jacques Cœur. Copie d'un
    tableau ancien.
31. **Table** à allonges Renaissance sur pieds
    et entre-jambes à colonne, en bois
    de chêne et de châtaignier.
33. **Deux fauteuils** Régence, en bois
    sculpté, couverts d'une tapisserie au
    point, à fruits, fleurs et ornements sur
    fond blanc.
34. **Réduction** d'une pièce de siège avec
    affût, caisson et accessoires.
35. **Coffre** de chêne avec colonnettes.
36. **Statuette** de Croisé en bronze oxydé, de
    Fremiet.
38. **Glace** Louis XIV, style italien, cadre en
    bois doré.
39. **Glace** Louis XIII, cadre en bois doré.

Vestibule du Grand Escalier

41. **Groupe** en pierre artificielle (Eve, Abel
    et Cain), par Debay.
45. **Petite Glace** à fronton époque Louis XV,
    cadre en bois sculpté et gravé.

Salle Charles VIII

48. **Petit Miroir** de forme contournée avec

cadre en bois doré en partie et peint (XVIIe siècle).

49. **Miroir** avec cadre semblable au précédent.
50. **Crédence** de style gothique.
51. **Ecritoire** en terre émaillée avec parties cintrées à tiroirs. Entre-deux ajourés et à fronton offrant les armes de Savoie.
52. **Crédence** à angles coupés, en bois sculpté, de style gothique.
53. **Six fauteuils** du temps de la Régence, à moulures, et couverts de tapisseries au point,
54. **Deux miniatures** sur parchemin verni. (Travail russe du XVIIe siècle, Kiew ou Moscou).
55. **Masse** d'armes. (Travail moderne.)
56. **Deux pots** russes faïence et bouleau.
57. **Auge** en acajou, avec une truelle, une hachette, une pince et un niveau. Auge et outils ont servi à la pose de la première pierre du château de Keriolet.
58. **Hache** de combat. (Travail moderne.)
59. **Masse** d'armes. (Travail moderne.)
60. **Sept statuettes** en plâtre peint. Moulages pris sur des statuettes du XVe siècle.
62. **Jeu** de tric-trac en bois laqué.
64. **Réduction** d'une pièce d'artillerie de campagne en fonte. Affût et caisson.

65. **Réduction** d'une pièce de campagne en bronze, avec affût et caisson.
68. **Réduction** d'un obusier russe sur affût.
69. **Imitation** d'émail de Limoges.
70. **Réduction** en ivoire d'un navire à deux ponts.
71. **Réduction** d'un modèle de frégate.
72. **Armure** composée de la pansière, de la dossière, des brassards, des cuissards, des jambières et du casque à visière. Style du xviᵉ siècle. (Travail moderne).
73. **Deux petites hallebardes** en fer. (Travail moderne.)
74. **Pansière** moderne gravée,
75. **Heaume.** Style du xvᵉ siècle. (Travail moderne).
76. **Morion** moderne en fer gravé.
77. **Casque** en fer. (Travail moderne).
78. **Trois chemises** d'armes en mailles. (Travail moderne).
79. **Chemises** de mailles, calotte d'armes et deux brassards. (Travail oriental).
80. **Deux jambières** incomplètes, modernes à bandes d'ornements gravés.
81. **Chemise d'armes** en maille. (Travail moderne).

Salle des Gardes

82. **Coffret** oblong à couvercle bombé, couvert en cuir noir doré au petit fer. (France xviᵉ siècle.)

83 **Suite de six tapisseries** des Flandres
(Bruxelles) représentant des sujets de
chasse à l'époque de la Renaissance,
avec bordures composées de groupes
de fruits, de fleurs et d'oiseaux
(XVIIᵉ siècle) : 1 Le Départ ; 2 Le
Relai ; 3 Le Lancé ; 4 Le Cerf à l'eau ;
5 L'Hallali ; 6 Le Retour.

84 **Tapisserie** des Flandres des premières
années du XVIᵉ siècle. Elle représente
diverses scènes ayant trait à un mariage royal, peut-être celui de
Louis XII et d'Anne de Bretagne.
Composition de vingt-sept personnages
en riches costumes de la Renaissance.
Bordure fleurs et fruits.

85 **Tapisserie** Renaissance représentant
une scène tirée de l'histoire d'Ido-
ménée. Large bordure à compartiments de fleurs, figures allégoriques
et médaillons sujets mythologiques.

86 **Tapisserie** Renaissance représentant un
groupe de personnages mythologiques
dans un paysage. Large bordure à
compartiments de fleurs et de personnages et de médaillons de paysages
avec figures.

87. **Tapisserie** Renaissance représentant un
sujet biblique composé d'un très
grand nombre de personnages ; cava-
liers, guerriers et monuments dans
un paysage. Large bordure à figures

allégoriques dans des médaillons et compartiments de feuillage.

88. **Tapis** persan en velours de soie, à arabesques sur fond vert au centre, et large bordure de fleurs sur fond ponceau.

89. **Couvre-lit** du temps de Louis XIII en tapisserie au point à dessins géométriques formant médaillon, représentant neuf scènes tirées de la Genèse, encadré de fleurs et d'arbustes sur fond noir et blanc. Au pourtour, ornements sur fond jaune.

90. **Six grandes chaises** du temps de Louis XIV, en bois sculpté peint en bleu et rehaussé de dorures. Elles sont couvertes de tapisserie au point, à médaillons. Sujets champêtres sur les dossiers, encadrés et décorés, ainsi que les sièges, d'ornements et d'oiseaux en couleurs sur fond noir.

91. **Sept grands fauteuils** à dossiers carrés, en bois de noyer, couverts de tapisserie des Flandres, présentant, sur les dossiers, des médaillons de paysages encadrés d'ornements, et, sur les sièges, de rinceaux fleuris et d'armoiries.

92. **Deux petits canapés** de style Louis XIV en bois de poirier sculpté, couverts de tapisserie au point à médaillons de personnages et encadrements composés d'ornements sur fond noir.

93. **Deux chaises** de style Louis XIII, en bois de noyer, couvertes en cuir, avec encadrements dorés au petit fer.

94. **Chaise longue** en trois parties, de style gothique, en bois sculpté, couverte en cuir gaufré.

95. **Stalle** en bois sculpté à dessin gothique, en partie du xve siècle.

96. **Crédence** avec dais de style gothique, en bois sculpté, fermant à deux portes, et surmontée d'un gradin formant étagère. Le dais a des retombées formées de bustes d'anges.

97. **Stalle** en bois sculpté composée de panneaux gothiques et surmontée d'un dais à dessous doré découpé à jour. Le siège forme coffre et deux pupitres ont été rapportés sur les appuie-bras.

98. **Petite gravure** ancienne de Joh. Peeters représentant la ville de Conquerneau (Concarneau).

99. **Coffre** ou **bahut** à couvercle bombé, en bois sculpté, à ornements de style Renaissance, et datant du commencement du xviie siècle.

100. **Stalle** de style gothique en bois sculpté. Le bas du meuble forme coffre, avec, au-dessus, un corps fermant à quatre portes. En haut un gradin surmonté d'un dais ajouré. Sous le dais sont placées huit statuettes de moines en plâtre peint, prises, au moyen d'un

moulage, au tombeau des ducs de
Bourgogne, Philippe le Hardi et Jean
Sans Peur, dans la cathédrale de
Dijon.

101. **Table** à allonges en bois de chêne sur
piliers sculptés à feuilles, de style
gothique.

102. **Table** à allonges en bois sculpté repo-
sant sur six pieds à cannelures en
torsade, reliés aux deux extrémités
par des motifs gothiques.

103. **Deux landiers** reliés entre eux par des
traverses avec pots à feu mobiles, le
tout en fer forgé, de style gothique.

104. **Vingt-six reproductions** à l'aquarelle
de feuilles de manuscrit et de miniatures (Epîtres d'Anne de Bretagne et
Chronique de Louis XII).

105. **Statuette** de Saint-Louis agenouillé,
bronze doré en partie, par Maroquetti.

106. **Trois pièces manuscrites** sur parchemin : 1° lettre signée de Charles VIII
au duc de Bar Antoine, depuis duc de
Lorraine ; Tours, 3 décembre 1496. C'est
une lettre de créance pour ses ambas-
sadeurs : Jehan Roux (Rosso) de Visques,
des comtes de Saint-Martin, son chambellan, et Pierre de Courthardy, avocat
en cour de Parlement. (Ils devaient
sans doute parler au duc des droits
de la maison de Lorraine sur le
royaume de Naples) ; 2° une lettre

signée de Louis XII à son chambellan; Blois, 1509. 3° Une lettre d'Anne de Bretagne au duc de Richmond.

107. **Ostensoir** du temps de Louis XIII en cuivre repoussé et argenté.

108. **Croix** en bois incrusté de nacre. (Travail de Jérusalem).

109. **Ostensoir** en cuivre jaune entouré d'argent et sur piédouche à contours.

110. **Chauffe-main** de forme sphérique en cuivre gravé. (Travail Vénitien du XVIe siècle).

111. **Monture de lanterne** à quatre branches en bronze ciselé et doré, à cariatides ailées. (France — Époque de Louis XIII).

112. **Coffret** porte-missel ancien en fer découpé à jour et à moraillon, simulant un portail d'église. (France, XVe siècle).

113. **Reliquaire** du temps de Louis XIII en cuivre doré, à quatre montants à cariatides, avec dôme surmonté d'une sphère et d'une croix.

114. **Deux statuettes** en bronze doré en partie, évangélistes debout sur socles en cuivre et marbres divers. (Italie, XVIe siècle).

115. **Petit triptyque** de forme monumentale en bois noir avec bas reliefs rapportés en cuivre doré, représentant le Calvaire et diverses figures de saints personnages (Louis XIII).

116 **Réserve eucharistique** en forme de vase couvert en cuivre repoussé et doré, à figures, groupe de fruits et ornements en relief. Le couvercle est surmonté d'une figurine debout. (France — Époque Louis XIII).

117. **Reliquaire** en forme de monument gothique, à clochetons en cuivre jaune, sur pied à nœud orné de réserves circulaires, dont deux sont encore garnies de petits émaux de Limoges peints en grisaille.

118. **Petite horloge** allemande de forme carrée avec cage du XVIe siècle en cuivre gravé et doré.

119. **Calice** en cuivre sur pied à double nœud (XVIe siècle).

120. **Groupe** en ivoire, Saint-Joseph portant l'enfant Jésus.

121. **Bas-relief** provenant d'un rétable et représentant une *Pietà*. Composition de quatre figures. Bois doré.

122. **Custode** cylindrique à couvercle conique surmonté d'une croix, en cuivre champlevé et émaillé, à médaillons contenant le monogramme du Christ et rinceaux. (Travail de Limoges au XIIIe siècle).

123. **Six petits vitraux** ronds du XVIIe siècle représentant des scènes de la Passion.

124. **Cinq vitraux** ronds représentant des

sujets tirés de la Passion ; l'un d'eux du xvie siècle, les autres du xviie.

125. **Petit modèle de canon** en cuivre sur son affût en bois avec garniture en fer.

126. **Écuelle** couverte à oreilles fleurdelisées, en étain. (Epoque Louis XIV).

127. **Écuelle** analogue à la précédente, à palmettes sur les oreilles.

128. **Coupe ronde** à ombilic et à deux anses plates, en étain, portant des traces de gravure (xvie siècle).

129. **Plateau rond** en étain, couvert de fines arabesques et d'entrelacs (xvie siècle).

130. **Corne de buffle** montée en étain.

131. **Soupière** oblongue à deux anses et à couvercle surmonté d'un vase en étain repoussé à ornement rocaille. (Epoque Louis XV).

132. **Plateau** rond à contours, en étain décoré d'ornements gravés (xviiie siècle).

133. **Musette** en ivoire Louis XV avec son soufflet et son sac en étoffe lamée de métal.

134. **Mors** de cheval de forme curieuse.

135. **Chanfrein** en fer couvert d'ornements gravés et lames retenues par des mailles rivées. (Travail persan ancien).

136. **Coupe** formée d'une coquille montée en plaqué. Le couvercle a une autre coquille pour bouton.

137. **Petit pot** à anse, cuiller et fourchette de l'époque gallo-romaine.

138. **Deux haches** gallo-romaines en bronze.

139. **Vidrecome cylindrique** à une anse et à couvercle en argent gravé, doré en partie. Il est décoré au pourtour du sujet « La Folie et l'Ange » dans un paysage. Le fond et le couvercle sont ornés de médailles. L'une représente Christian Jean et Georges de Saxe avec la date de 1567. La pièce est datée 1671. (Travail allemand).

140. **Gobelet** en argent repoussé, à cœurs au pourtour, doré en partie et supporté par trois boules.

141. **Deux plateaux** lobés en argent gravé. L'un d'eux porte au centre la représentation de la célèbre médaille de Louis XII et l'autre le revers de la même médaille qui offre le portrait d'Anne de Bretagne. (Travail hollandais moderne).

142. **Gobelet** sur piédouche en argent guilloché. (Travail moderne).

144. **Grand olifant** en ivoire sculpté à figures d'animaux. Ornements et buste de Pierre Le Grand. (Travail allemand moderne).

145. **Plaque** de plomb avec médaillon circulaire représentant un cavalier au galop en costume du XVIᵉ siècle.

146. **Coffre** en bois de chêne contenant cent

dix monnaies ou médailles en argent et une en or, dont le détail suit :

Argent : Charles VIII, Charles IX, Henri III, Henri IV, Louis XIII, Louis XV (France, 1863 à 1745) — monnaies espagnoles à l'effigie de Ferdinand et Isabelle, demi-réaux, réaux, doubles-réaux ; pièces aux effigies de Charles-Quint (Pays-Bas 1511), de Charles-Quint (Espagne 1556), de Philippe II (1598) — de Charles X, roi de la Ligue (France 1591 et 1593) : 8 pièces — de Frédéric de Prusse (1785) — du duc de Bordeaux (1828), de Louis XVIII (1814), de la Comtesse de Chambord (sans date) ; de Henri V, roi de France (1833).

Ces pièces ont été trouvées dans une corne de bœuf, à Kerlaz, environs de Quimper.

La pièce d'or porte le millésime de 1325 et est à l'effigie d'Edouard III, roi d'Angleterre, qui régna de 1327 à 1377.

Cette pièce a été trouvée près de Quimper en 1875.

147. **Diplôme** en latin sur vélin avec miniature, reliure de maroquin doré au petit fer ; sceau enfermé dans un étui de cuivre.

Ce diplôme de docteur en arts libéraux, philosophie sacrée et médecine, a été délivré, en 1619, par l'Institut

de Bologne à Pierre-Paul Ventron
(Paulus Petrus Ventronius).

148. **Cadre** en bois sculpté et doré à ornements de têtes de chérubins. Il contient une peinture en émail représentant une *Pietà* et deux donataires.

149. **Livre d'Heures** d'Anne de Bretagne. Reproduction Curmer (18..).

150. **Carton** contenant cent-quatre empreintes de sceaux du Xe siècle au XVIIIe.

151. **Petit carnet** avec aquarelle (souvenir de Ham) — Don de Napoléon III.

153. **Deux lustres** anciens en cuivre à douze lumières.

154. **Deux morceaux** de tapisseries des Flandres.

155. **Groupe** de porcelaine de Saxe, moderne.

153. **Cadran solaire** en cuivre gravé et doré.

157. **Clef** ancienne étamée.

158. **Deux médaillons** en biscuit de Saxe : Napoléon III et l'impératrice Eugénie.

159. **Trois petites plaques** en faïence de Castelli. Cadre bois sculpté.

162. **Calice** avec sa patène en vermeil. (XVIIe siècle).

163. **Petite boîte** en bois laqué. Travail hollandais (XVIIe siècle).

164. **Custode** en étoffe verte lamée d'argent.

165. **Triptyque** émail de Limoges, grisaille.

166. **Plat** polychrome (Compagnie des Indes).

167. **Plat** long à pans coupés (Compagnie des Indes).

163. **Bol** rose fleur de lotus (Compagnie des Indes).
169. **Saucier** et sa soucoupe (Compagnie des Indes).
170. **Petite soupière** et son couvercle ; décor rose (Compagnie des Indes).
171. **Sept assiettes** polychromes (Compagnie des Indes.
173. **Grand coffre** en bois sculpté.
174. **Buffet** en bois sculpté ; style Louis XIV.
178. **Petit vitrail.** Peinture à l'huile.
179. **Deux clefs** de Keriolet. Travail moderne.
186. **Essai historique** sur la ville de Concarneau, par Dollain. Manuscrit.
194. **Carton** contenant huit cent cinquante-sept autographes de notabilités contemporaines.
195. **Chartrier** contenant cinq cent quatre pièces manuscrites (1137-1824) : lettres de rois, reines et personnages historiques, donations, chartes. mandements, quittances, brevets etc.. quatre cent trente-et-une pièces manuscrites sur vélin, soixante-neuf avec sceaux.

    Ces pièces ont été traduites par M. Bourde de la Rogerie, archiviste du Finistère, conservateur du Musée de Keriolet. Elles forment dix tomes.
196. **Statuette** équestre de Gaston de Foix, en bronze, par Fremiet.

Chapelle

193. **Statuette** de Saint-Honoré en bois peint (XVIᵉ siècle).

198. **Deux flambeaux** en cuivre ciselé (style Louis XIV).

199. **Deux flambearx** en bois sculpté.

200. **Deux flambeaux** en cuivre repoussé.

202. **Lutrin** en fer forgé, surmonté d'un Christ en bronze, avec antiphonaire (acheté à Tours).

204. **Crucifix** du XVIIIᵉ siècle, appliqué sur une croix de bois noir.

205. **Groupe** en bois sculpté, Education de la Vierge (XVIIᵉ siècle).

206. **Fragment** de rétable en bois sculpté. La mise au tombeau (XVIᵉ siècle).

207. **Deux stations** de chemin de croix en bois peint (XVIIᵉ siècle).

208. **Statue** de Sainte-Anne, en bois (XVIᵉ siècle).

209. **Statuette** en bois sculpté représentant un ange tenant un calice.

212. **Tapisserie** Renaissance représentant un sujet biblique. Large bordure composée de médaillons et compartiments de personnages et de fleurs.

213. **Tapisserie** provenant de la même suite que la précédente. Scène biblique dans un paysage et large bordure à compartiments et à médaillons.

214. **Tapisserie** Renaissance des Flandres

paraissant représenter le Triomphe de Mardochée. Composition d'un très grand nombre de personnages en riches costumes guerriers. Large bordure encadrée d'oves et composée d'animaux et d'oiseaux dans des paysages. Dans le bas, représentation de la mer : flots, poissons et figures de Tritons et de Sirènes. Dans le haut, guirlande de fleurs et groupe central composé d'un aigle terrassant un héron.

215. **Chasuble** fond blanc, broderie bretonne.

216. **Chasuble** Louis XIV bordée de rouge.

217. **Bannière** d'église bretonne fond bleu avec les instruments de la Passion (ancienne).

218. **Bannière** d'église ancienne, croix argent sur fond noir. Broderie au point de chaînette.

219. **Bannière** d'église ancienne avec un Saint-Esprit fond rouge.

220. **Bannière** d'église ancienne, avec une broderie représentant Sainte-Anne.

221. **Bannière** d'église ancienne, représentant Saint-Tugdual ; fond noir, bordure rouge.

222. **Bannière** d'église ancienne, broderie bretonne ; croix rose sur fond blanc.

223. **Bannière** moderne en drap d'or destinée à la fanfare de Concarneau ; Saint Guénolé.

224. **Bénitier** Louis XIV en chêne sculpté
(acheté à Morlaix).

226. **Deux lampes** de sanctuaire avec auges.

227. **Lampe** de sanctuaire en cuivre repoussé
et argenté.

1064. **Deux autels** en bois doré et sculpté,
du XVIIe siècle, provenant de l'église
de Nevez.

1065. **Un rétable** en bois doré et sculpté
(XVIIe siècle), même provenance.

1066. **Deux statuettes** représentant des anges
vêtus d'une tunique rouge.

1067. **Grande statue** en bois de Saint-Jacques
de Compostelle (XVIIe siècle). Même
provenance.

1063. **Autre statue** plus petite du même
saint. Il tient un bâton de pèlerin de
la main droite et un livre de la main
gauche. Même provenance.

1069. **Statuette** de la Sainte Vierge portant
l'Enfant Jésus sur le bras droit.
Même provenance.

Sacristie

229. **Croix** processionnelle en cuivre doré
(XVe siècle).

230. **Bref** du pape Léon XIII, autorisant
l'exposition du Saint-Sacrement dans
la chapelle.

231. **Rétable** gothique à doubles venteaux,
en bois sculpté, offrant au centre un

crucifix entre deux groupes de saints personnages.

La base de ce groupe en bois doré est enrichie de cinq bas-reliefs en albâtre qui représentent diverses scènes de l'Ecriture sainte. Le dais qui le surmonte est incrusté de cinq émaux de Limoges, dont deux, du XVIe siècle et de l'école de Pierre Raymond, sont peints en grisaille et représentent, l'un l'Annonciation, l'autre l'Ascension. Deux autres, également du XVIe siècle, représentent, le premier Saint-Pierre coupant l'oreille à Malchus, le second, le Christ bénissant. La cinquième plaque, attribuée à Landin, représente la naissance du Christ.

Le volet gauche représente à l'intérieur la Cène et le Christ au jardin des Oliviers, à l'extérieur Saint François recevant les stigmates, avec, au premier plan, le donataire agenouillé. Sur le volet de droite est peinte l'Apparition du Christ, entouré d'anges, à Saint-Chrysostome.

Ce rétable est regardé comme le prie-Dieu d'Anne de Bretagne.

232. **Copie** d'un tableau de l'Ecole française du XVIe siècle : la Vierge portant l'Enfant Jésus entre deux donataires.

234. **Deux médaillons** ronds en cuivre avec les bustes rapportés en cuivre jaune

des papes Innocent X et Clément XI.

235. **Gravure** de Jean Cousin représentant le Jugement dernier.

236. **Plat** à offrandes ancien en cuivre aux armes de France avec inscriptions.

Salon

237. **Aquarelle** représentant la salle Henri II de la Villa du Parc des Princes (Jules Tavernier 1867).

238. **Portrait** d'homme portant l'armure (Ecole française du XVIIIe siècle).

239. **Portrait** de commandant d'armée vu à mi-jambes, portant l'armure et une écharpe bleu clair (Ecole française du XVIIIe siècle).

240. **Portrait** de Louis XIV à mi-jambes. Cadre en bois sculpté. (Ecole française du XVIIIe siècle).

241. **Table** console en bois sculpté style Louis XIV. Dessus de marbre vert Campan.

242. **Deux meubles** à hauteur d'appui du temps de Louis XVI. Dessus de marbre rose.

243. **Mobilier** de salon bois sculpté et doré du temps de Louis XV, couvert d'étoffe de soie, un canapé, six fauteuils et six chaises.

244. **Deux bras-appliques** du temps de Louis

XVI en bronze, composés chacun de trois cors de chasse porte-lumière.

245. **Grande glace** rectangulaire en largeur dans un cadre de bois doré. (Travail italien).

246-247. **Médaillon** en marbre blanc représentant Louis XVII. Cadre Louis XIV en bois sculpté et doré.

248-249. **Médaillon** en marbre blanc représentant le grand Condé. Cadre Louis XIV en bois sculpté et doré.

250. **Tabouret** de pieds en bois sculpté et doré du temps de Louis XV, couvert en reps.

251. **Chaise** longue du temps de Louis XIV en bois sculpté et doré, couverte de satin de laine.

252. **Coussin** en maroquin vert bordé au chiffre de Claude de France.

253. **Grande console** du temps de Louis XIV en bois sculpté et doré. Dessus de marbre rouge des Pyrénées.

254. **Table-bureau** du temps de Louis XV, ferrures cuivre doré, recouverte de velours verdâtre.

255. **Très grande table** du temps de Louis XV en noyer ciré. Elle porte les armoiries d'un cardinal sur les quatre pieds.

256. **Guéridon** du temps de l'Empire sur pied triangulaire. Dessus en bois de noyer ; pourtour en bronze. — Au centre le moulage d'un plat florentin.

257. **Cage-applique** en bois peint en blanc
rehaussé de dorures. Style rococo.

258. **Portrait** d'homme vu à mi-corps, dans
un cadre de bois sculpté et doré. (Ecole
française du xviiie siècle).

259. **Coiffure** russe de cérémonie dite Kakochnik.

260. **Une paire de chenets** en cuivre du
temps de Louis XIV.

262. **Ecran,** tapisserie de Beauvais, monture
en bois doré (Louis XV).

263. **Tapisserie** des Flandres Renaissance
représentant une chasse au castor.

264. **Tapisserie** des Flandres représentant
une vue de parc.

Salle à Manger

266. Suite de quatre tapisseries des Flandres
(Bruxelles) représentant des vues de
parc avec châteaux et pièces d'eau.
Large bordure composée de fleurs et
d'animaux tels que chiens, perroquets,
écureuils, poissons.

267. **Pot** sphérique à côtes, décor bleu à
lambrequins ornés et fleurs (Rouen).

268. **Plat** rond, décor bleu ; au marli lambrequins et ornements (Rouen — xviiie
siècle).

269. **Petite daubière** couverte, de forme
oblongue, décor polychrome à la corne
(Rouen — xviiie siècle).

270. **Daubière** semblable à la précédente (Rouen — xviiie siècle).

271. **Ecuelle** ronde couverte, à deux anses, décor polychrome à fleurs. Au fond de l'écuelle le nom de Marie Roze et la date de 1750 (Rouen).

272. **Deux compotiers** ronds à bord festonné, décor polychrome au carquois. Au revers la signature de Gardin (Rouen — xviiie siècle).

273. **Compotier** à bord festonné, décor polychrome à la corne. — Marque D U (Rouen).

274. **Compotier** semblable au précédent. — Marque D M (Rouen.)

275. **Sucrier** en forme de vase, à décor bleu et rouille composé d'ornements et de lambrequins (Rouen — xviiie siècle).

276. **Grand plat** rond, décor bleu à rosace rayonnante au centre, lambrequins ornés au marli avec rayons retombants sur la chute (Rouen — xviiie siècle).

277. **Gourde** à panse aplatie et goulot cylindrique ; décor bleu à rinceaux, feuillages et ornements (Rouen).

278. **Gourde** semblable à la précédente.

279. **Deux jardinières-appliques** à pans, décor polychrome à ornements, et feuillages (Rouen).

280. **Jardinière** de même forme que la précédente, mais plus grande. Elle est décorée de branches de fleurs poly-

chromes. Le dessus manque (Rouen).

281. **Deux jardinières-appliques** à pans, décor bleu et rouille à guirlandes et ornements (Rouen).

282. **Deux cache-pots** cylindriques avec anses à coquilles. Décor polychrome composé de guirlandes de fleurs, ornements et corbeilles (Rouen).

283. **Compotier** octogone à bords festonnés, décor polychrome à fleurs au bord et au centre (Rouen).

284. **Deux compotiers** octogones, décor polychrome à corbeille de fleurs au centre, et offrant, au bord et à la chute, des rinceaux sur fond bleu et des motifs d'ornements reliés par des guirlandes de fleurs (Rouen — XVIIIe siècle).

285. **Deux assiettes** à décor polychrome. Corbeille fleurie au centre ; ornements et festons de fleurs au marli et à la chute (Rouen).

286. **Deux assiettes** à bords festonnés, décor polychrome à branche fleurie s'échappant d'une corbeille et oiseaux prenant leur vol (Rouen).

287. **Plat** oblong à pans, décor polychrome. Au centre, une corbeille fleurie ; au marli, large galon à fond bleu et branches de fruits (Rouen).

288. **Assiette** à bords festonnés, décor polychrome. Au fond, rocher et double

branche de grenades. Au marli, couronne d'ornements (Rouen).

289. **Bannette** oblongue à contours et à deux
anses à torsade. Décor bleu. Au fond,
arbustes fleuris ; au bord, large motif
de rinceaux et feuillages sur fond bleu
(Rouen).

290. **Soupière** oblongue couverte et à deux
anses, décor bleu à jetées de fleurs et
galons ornés.

291. **Soupière** semblable à la précédente
(Rouen).

292. **Soupière** oblongue à deux anses et à
couvercle ayant un serpent comme
attache. Décor polychrome à cornes
d'abondance. Guirlandes de fleurs et
ornements variés. Au fond de la pièce,
corbeille fleurie, et, au pourtour, large
galon orné à fond bleu (Rouen).

293. **Deux bassins** de fontaines-appliques,
décor polychrome à fleurs et ornements
(Rouen).

294. **Porte-huilier** oblong et à pans, décor
polychrome à fleurs et ornements
(Rouen).

295. **Plat** rond à bords festonnés, décor polychrome. Au fond, large couronne de
fleurs avec libellule au centre. Au
marli, compartiments quadrillés de
vert avec fleurs ornementales en entre-
deux (Sinceny — xviiiᵉ siècle).

296. **Soupière** couverte formant le complé-

ment de la pièce précédente. Marque S (Sinceny).

297. Porte-huilier de forme oblongue à angles coupés et anses à mascarons. Décor polychrome dit à la pagode (Sinceny — xviiie siècle).

298. Daubière oblongue à deux anses à pans coupés et à couvercle surmonté d'un serpent enroulé formant attache. Décor polychrome à guirlandes. Lambrequins et fleurs (Sinceny).

299. Daubière analogue à la précédente mais sans anses. Bel émail (Sinceny).

300. Daubière analogue à la précédente mais plus petite (Sinceny).

301. Daubière semblable à la précédente (Sinceny).

302. Plat rond à décor bleu et manganèse. Au fond, scène mythologique de style japonais. Au marli, personnages dans des médaillons et fleurs (Nevers).

303. Petit plat rond et creux; décor bleu à personnages vêtus à l'oriental dans un paysage et couronne de rinceaux et fleurs au pourtour (Nevers — xviie siècle).

304. Petite cruche à anse marbrée de blanc et de jaune sur fond bleu (Nevers).

305. Plat rond, décor bleu, sujet mythologique. Les personnages portent des costumes du xviie siècle.

306. **Cuvette** de bidet décorée de fleurs polychromes (Nevers).

307. **Compotier** à bord dentelé, décor de
fleurs polychromes (Strasbourg).

308. **Deux cache-pots** lobés à deux anses
décorés de bouquets de fleurs polychromes (Strasbourg).

309. **Fontaine-applique** en forme de balustre
surmontée d'un fronton composé de
deux dauphins et d'une coquille. Décor
polychrome. Sur la panse couronne
de fleurs et feuillages et au-dessus
filets bleus et jaunes (Quimper).

310. **Grand plat** long à contours, décor polychrome à la double corne. Marque L D,
genre Rouen (Quimper).

311. **Plat** long analogue au précédent. Il
représente des personnages chinois
dans un paysage. Marque D G. Genre
Rouen (Quimper).

312. **Vache** couchée, décor bleu. Genre Delft.
Moderne. (Quimper.)

313. **Plat à barbe** décoré de fleurs et d'ornements polychromes (Quimper).

314. **Légumier** couvert de forme octogonale
à deux anses coquilles. Décor bleu à
ornements variés. A l'intérieur de la
pièce, buste sous un dais garni de draperies XVIIIe siècle (Moustiers).

315. **Mule** vide-poche émaillée vert et jaune
(Beauvoisis).

316. **Perruche** sur tronc d'arbre, décor polychrome. Moderne. (Genre Delft.)

317. **Pigeon,** décor polychrome, Moderne. (Genre Delft.)

318. **Ecritoire** à double face simulant un monument à double étage de récipients, enrichi de colonnettes, de statuettes et d'animaux. A la partie supérieure, écussons armoriés soutenus par des draperies que tiennent des petits génies debout ; sous l'arceau principal est un cerf couché en ronde bosse. Cette pièce est rehaussée d'un décor polychrome (Allemagne, XVII siècle).

319. **Chope** cylindrique, décor polychrome à rinceaux, feuillages et médaillon ovale renfermant une vue de village en camaïeu violet. Couvercle en étain avec médaille de Frédéric-Auguste, roi de Prusse et de Pologne. Initiales gravées A. R. F. et date de 1744 (Bavière — XVIII siècle).

320. **Vase** de pharmacie à forme ovoïde à deux anses et à goulot court. Décor bleu à feuillages et inscription (Italie — XVI siècle).

321. **Vase** ovoïde à une anse, décor bleu à feuillages et armoiries surmontées d'une mitre d'évêque (Italie — XVI siècle).

322. **Assiette,** décor bleu. Au fond, armoiries

de cardinal ; au marli, ornements lambrequinés (Delft).

323. **Petit plat** rond, décor bleu à feuillages rayonnant (Delft).

324. **Deux beurriers** ovales à ornements et fleurs en relief au pourtour, à décor polychrome. Les couvercles sont formés chacun d'un mouton couché (Delft).

325. **Plat** rond, décor bleu à fleurs et oiseaux au fond et compartiments au marli (Delft).

326. **Vase** en forme de carafe, décoré de feuillages en bleu sur blanc (Delft).

327. **Pot** en forme de chou, décoré au naturel (Bruxelles).

328. **Lambrequin** de cheminée en étoffe de soie jaune avec application de velours, de tapisserie au point et de galons.

329. **Grande table** Henri II rectangulaire. — Moderne.

330. **Buffet** en bois de chêne sculpté avec fronton. — Moderne.

331. **Crédences** à vitrines surmontées de deux jardinières.

333. **Fragment** de tapisserie Renaissance des Flandres représentant une vue de parc.

334. **Deux landiers** en fer forgé et bronze, à boule (Louis XIII).

335. **Sept fauteuils** Louis XIV en bois de noyer recouverts de tapisserie au point.

336. **Lustre** flamand en cuivre fondu et repoussé (XIV° siècle).
337. **Saucier** losange à anses, décor polychrome (Quimper).
338. **Deux assiettes** faïence paysanne, décor bleu.
340. **Deux assiettes,** décor bleu, signées Signoret (Nevers).
341. **Plat** de porcelaine de Chine, décor bleu.
342. **Deux plats** à pans coupés en porcelaine de Chine, décor bleu.
343. **Quatre plats** oblongs en porcelaine de Chine, décor bleu.
344. **Deux légumiers** en porcelaine de Chine avec couvercle et anses Renaissance.
345. **Deux potiches** en porcelaine de Chine (Cie des Indes).
346. **Plat à barbe,** avec relief dans la pâte, en porcelaine de Chine.
347. **Neuf assiettes** porcelaine de Chine.
348. **Trois assiettes** bande bleu et rouge, faisceaux de drapeaux et armes de Bretagne (Sèvres).
458. **Trois assiettes** semblables aux précédentes, armes de France et de Bretagne (Sèvres).
349. **Deux lanternes** turques en cuivre jaune, pliantes.
1001. **Un plat** en faïence de Rouen, avec armoiries au centre.
1002. **Une Vierge** en faïence de Rennes,

portant l'Enfant Jésus sur le bras droit.

1003. **Un médaillon** paysage camaïeu ; au verso le nº 9183 et les lettres A S B (Delft).

Cuisine

360. **Vingt-trois bassinoires** en cuivre rouge et jaune à couvercles repoussés, présentant des ornements variés, fleurs de lis et armoiries (xviie siècle). Ces bassinoires ont été achetées à une vente faite après la mort de Nestor Roqueplan, en avril 1870, et sont accompagnées de la notice suivante :

« LE PUBLIC. *Jeudi 28 avril (Sainte-*
« *Anne).* — A côté d'une nombreuse
« collection d'objets bien choisis, Nes-
« tor Roqueplan laisse une collection
« unique dans son genre. C'est une
« collection de bassinoires qui ont eu
« l'honneur de réchauffer le lit, en
« hiver, des plus grandes et illustres
« dames, depuis l'aurore de la Renais-
« sance jusqu'au xixe siècle. Il y a
« des bassinoires d'Anne de Bretagne,
« de Diane de Poitiers, de Marie Stuart,
« de la charmante Gabrielle, de
« Mlle Lafayette, de Marion Delorme,
« de Ninon de Lenclos, de Mme de
« Sévigné, de Mlles Fontange et de la
« Vallière, de Mmes de Montespan et

« de Maintenon, de Mme de Tancin, de
« la Pompadour, de la Dubarry, de
« Marie-Antoinette, de Louis XV, etc.
« On assure qu'il avait dépensé un
« demi-million à se procurer, au poids
« de l'or, toutes ces bassinoires. —
« Avis aux amateurs. — « Isidore. »
Est-il besoin d'ajouter que ces attributions semblent plus que douteuses ?

361. **Trois couvercles** de bassinoires en cuivre jaune et repoussé (XVIIe siècle).

362. **Soupière** oblongue à deux anses avec couvercle et plat, décor polychrome (Strasbourg).

363. **Plat** rond à bord festonné, décor polychrome (Strasbourg),

364. **Poule** formant daubière, décorée au naturel. Moderne (Belgique).

365. **Poule** formant daubière, entourée d'œufs et de poussins, avec plateau adhérent, décor polychrome. Moderne (Belgique).

366. **Lampe** de suspension en fer forgé avec tige repoussée à jour.

367. **Autre lampe** portative avec attache à brisure en fer forgé.

368. **Marmite** à trois pieds et à anse mobile en bronze (XVIe siècle).

369. **Série de poids** de marcs en bronze, avec attache ornée d'un cheval et poignée mobile à cariatide (Louis XIII).

370. **Série de poids** analogue à la précédente.

371. **Chaufferette** hexagonale en cuivre jaune repoussé et découpé (xviie siècle).

372. **Petite marmite** couverte en fonte avec l'inscription en relief : « Elisabeth Potier à la Bonneville, le 7 octobre 1789 ».

373. **Lampe** italienne à trois becs en cuivre jaune.

374. **Lampe** italienne analogue à la précédente.

375. **Chandelier** en fer à rinceaux et plateau à trois pieds.

376. **Chandelier** en fer avec tige à balustre sur plateau circulaire à trois pieds.

377. **Chandelier** en fer avec tige en spirale.

378. **Flambeau** en fer analogue au précédent.

379. **Trois lanternes** à main en cuivre.

380. **Petit mortier** Renaissance en métal de cloche, à cariatides et à mascaron.

381. **Petite lampe** juive en cuivre jaune,

382. **Pendule** Louis XIII.

383. **Deux landiers** anciens.

PREMIER ÉTAGE

Chambre de la Comtesse

406. **Bureau** à cylindre et à double rang de tiroirs du temps de Louis XVI, en

bois d'acajou garni de moulures de cuivre. (Ce bureau a appartenu au grand orateur Mirabeau.)

407. **Petite pendule** du temps de Louis XVI à colonnettes de porphyre rouge, surmontée d'une figurine représentant l'Amour.

408. **Commode** du temps de la Régence en bois de placage garni de bronze.

409. **Commode** analogue à la précédente.

412. **Bureau** de dame en marqueterie de bois, à fleurs.

413. **Miroir** à biseaux avec cadre en bois sculpté et doré (Louis XV).

414. **Fauteuil** Louis XIV en bois, recouvert de tapisserie au point.

415. **Paravent** à cinq feuilles en toile peinte à l'huile (XVIIIe siècle).

416. **Lit** garni modèle bateau, en bois sculpté et doré, du temps de Louis XV. (Ce lit a appartenu à la grande tragédienne Rachel.)

421. **Ecran** Louis XVI acajou, garni d'application de cuivre.

423. **Grande glace** à fronton avec trumeau peint (Louis XV).

424. **Cadre** contenant deux lettres d'invitation aux bals parés qui eurent lieu à Versailles : le mercredi 24 février 1745, pour le premier mariage du Dauphin Louis, fils de Louis XV, né le 4 septembre 1729, avec Marie-Thérèse, in-

fante d'Espagne, et le jeudi 9 février 1747, pour son second mariage avec Marie-Joséphine de Saxe.

Chambre du Comte

428. **Deux fauteuils** Louis XV bois sculpté, couverts de tapisserie au point.
429. **Lit** moderne de style gothique en bois sculpté, avec tentures.
430. **Cadre** moderne en bois sculpté de style gothique enchâssant une aquarelle représentant Anne de Bretagne en prières.
432. **Table** de bois chêne style gothique.
434. **Portrait** du Comte de Chauveau, par Fouques.
435. **Portrait** de la Comtesse de Chauveau, d'après Dubufe père.

Chambre du Roy

Cette chambre avait été décorée et aménagée, par les propriétaires du château, sous la présidence du Maréchal de Mac-Mahon, en prévision du retour du Comte de Chambord. Elle était destinée à le recevoir s'il avait honoré Keriolet de sa visite.

Les murs de cette chambre sont tendus de cuir gaufré pareil à celui qui tapisse la Chambre du Roi au château de Pau.

394. **Grand fauteuil** à dossier carré en bois de noyer (Louis XIV).

396. **Grande tapisserie** des Flandres à sujets dans le goût de Teniers. Scène champêtre.

397. **Grand lit** en bois sculpté, modèle à colonnes et balustres. Style Henri IV.

398. **Tenture de lit** en soie jaune d'or avec application de broderie au passé (Louis XIV). Lambrequin.

399. **Dessus de lit** en soie jaune avec applications et broderies au passé du temps de Louis XIV.

400. **Tenture** de lit en soie jaune d'or avec applications et broderies au passé (Louis XIV).

401. **Trois bandes** appliquées d'ornements en velours ponceau, soie jaune et soutaches blanches et rouges (Italie, XVIIe siècle).

403. **Cinq fauteuils** en bois tournés, couverts de cuir gaufré (Louis XIII).

420. **Secrétaire** hollandais, bois des îles, marqueterie (Louis XIII).

621. **Tableau** représentant Philippe II, roi d'Espagne. (Ecole de Porbus).

622. **Tableau,** par Clouet, représentant Marguerite de Navarre.

632. **Deux tableaux** se faisant pendants : portraits d'homme et de femme en riches costumes de la fin du XVIe siècle. (Ecole espagnole).

623. **Gouache** moderne représentant Henri IV et Sully.

40. **Applique** en bois sculpté portant les armes de France.
143. **Deux plaques** de harnais portant la lettre H surmontée de la couronne royale.
161. **Petit buste** d'Henri IV en bronze.
359. **Deux vases** de Bohême en verre rouge et or.

Chambre des Hermines

502. **Tableau** représentant une noce bretonne, par Darjou.
620. **Panneau** décoratif aux armes de France.
624. **Tableau** représentant Don Quichotte au milieu de ses livres de chevalerie, par Eugénie Hautier, 1850.
626. **Portrait** sur bois, d'après Neuville.
627. **Peinture** moderne simulant la peinture ancienne. Copie d'un tableau de Titien.
631. **Médaille** de bronze. Prix obtenu en 1874 par la ferme de Keriolet.
636. **Deux reproductions** photographiques de tableaux de Comte.

LE MUSÉE BRETON

LE MUSÉE BRETON DE KERIOLET

Le château de Keriolet a été bâti par la donatrice en l'honneur de la Bretagne. On ne pouvait mieux entrer dans ses vues et continuer son œuvre qu'en ajoutant aux collections artistiques déjà réunies par elle une galerie ethnographique spéciale qu'on peut appeler le Musée breton.

C'est ainsi que des spécimens intéressants de meubles et d'objets usuels, particuliers aux habitants de notre vieille province, ont été placés dans une chambre du premier étage qu'on a dénommée « Chambre bretonne », et que de grandes vitrines ont été disposées pour mettre sous les yeux des visiteurs un certain nombre de costumes et une collection complète de coiffes en usage dans les cinq départements bretons.

Depuis des siècles la sculpture sur bois a été en honneur dans notre province, mais certains auteurs sont très sévères pour nos anciens ouvriers et leur refusent l'originalité et la délicatesse de main qu'ils accordent à ceux d'une province voisine.

« Le décor brutalement coupé dans le chêne, écrit M. Bonnafé, se compose de cercles de dents de scie, de rosaces et d'ornements géométriques, dont l'origine romane et scandinave atteste combien le Breton reste fidèle à ses traditions primitives. »

On citait cependant, au XVIᵉ siècle, quelques sculpteurs sur bois appartenant à la Bretagne, dont le nom a survécu, tels Martin Colas, Nicolas Deshourmes, etc..., et il faut bien reconnaître que ses vieux maîtres huchiers ont laissé des ouvrages que les amateurs tiennent encore à haut prix.

D'un autre côté, plus d'une appréciation de spécialistes éclairés peut être placée en regard des critiques émises au sujet du meuble breton. Ainsi M. de Champeaux écrit : « Les sculpteurs qui ont ciselé, dans l'église de Lambadère, le superbe jubé de bois, dont les dentelures égalent les plus étonnants ouvrages des derniers temps de l'époque ogivale, ne le cédaient en aucun point à leurs prédécesseurs, créateurs du dressoir de Saint-Pol-de-Léon. »

L'industrie du meuble breton est encore florissante, comme le dit fort bien M. Marius

Vachon. « Scaër, entre Le Faouët et Rosporden, le pays classique des lutteurs, est un centre d'ébénistes travaillant d'une façon originale le meuble breton, qui alimente toute la Cornouaille, les Montagnes Noires, l'ancien duché de Rohan, et dont l'exportation à Paris, pour les grands magasins, est importante.

« Les sculpteurs sur bois de Scaër ont un renom séculaire en Bretagne. En outre, Landerneau, Plouaret et Landivisiau possèdent des ateliers de quelque importance où l'on fabrique aussi des mobiliers anciens qui se vendent aux touristes français et étrangers. »

Le mobilier breton ancien et nouveau est représenté à Keriolet par des bahuts, bancs. lits et dressoirs, et par de menus objets sculptés, dont l'originalité ne peut manquer d'attirer l'attention des visiteurs.

Nous arrivons maintenant à la galerie des Coiffes bretonnes. Cette galerie est unique en France.

Lorsqu'on passe en revue ces coiffes, on est frappé de la merveilleuse ingéniosité avec laquelle les femmes d'Armorique ont varié cette partie importante de leur parure.

Est-ce à l'esprit particulariste, qui aurait survécu à la disparition des anciens clans bretons, qu'il faut attribuer le fait ? Convient-il, pour l'expliquer, d'invoquer toute autre considération tirée de la géographie ou de l'histoire ? Il est fort difficile de se prononcer sur ce point.

A quelle époque a-t-on commencé à porter des coiffes en Bretagne ? Encore un problème dont la solution n'est pas aisée. On peut toutefois présumer que cette coiffure n'a pas apparu dans cette province avant la fin du xve siècle.

Au xiiie siècle, le bonnet et le chaperon d'étoffe grossière étaient la coiffure ordinaire des femmes du peuple. C'est sans doute à l'imitation du bonnet en cœur et du hennin, successivement de mode à la Cour, et ensuite parmi la noblesse et la bourgeoisie pendant les deux siècles suivants, que les femmes de Bretagne confectionnèrent leurs premières coiffes dont elles ont diversifié depuis les formes avec tant d'imagination.

Le hennin, bonnet pointu très élevé, contre lequel tonnèrent les prédicateurs, et particulièrement le moine breton Thomas Connecte, se retrouve encore, quoique tronqué, dans la coiffe de cérémonie des jeunes filles de Concarneau et de Douarnenez.

C'est cette coiffe gracieuse qu'Alfred Guillou, l'éminent artiste breton, a mise au front de ses belles compatriotes dans le tableau si remarquable et si remarqué où il a peint *Un retour de procession en bateau.*

La coiffe *adournée*, en usage sous Charles VII, long tube qui allait un peu en s'amincissant et se terminait par un fond plat ou plissé, peut également avoir servi de modèle pour la création de certaines coiffes bretonnes.

A une époque plus rapprochée de nous, sous Louis XV, les dames de la Cour, puis celles de la bourgeoisie revinrent au bonnet. Les femmes du peuple l'adoptèrent à leur suite. Elles prirent le bonnet rond avec deux ailes plissées en avant sur les tempes.

Pendant la Révolution le bonnet changea très souvent de forme. Peut-être l'influence de ces anciennes modes est-elle restée visible dans quelques-unes de nos coiffes bretonnes d'aujourd'hui.

Comme nous l'avons dit dans la notice qui ouvre ce catalogue, la Galerie des coiffes a été créée par M. Deyrolle, premier conservateur du Musée de Keriolet ; mais il faut rendre cette justice aux instituteurs bretons qu'ils ont mis tout le zèle possible à rechercher, sur les indications de M. Gérin-Roze et sur celles de M. le Conservateur actuel, Bourde de la Rogerie, les coiffes en usage dans leur localité ou dans leur région.

La collection des coiffes du Finistère est, dès à présent, complète. Le Morbihan vient ensuite. Les trois autres départements bretons ne tarderont pas à figurer avec honneur dans notre galerie.

Il sera alors facile de comparer entre eux

les divers types de coiffes existant dans notre province, et de les suivre dans leurs nuances et leurs modifications. Qui sait si ces études n'aboutiront pas à des déductions imprévues et précieuses pour l'ethnographie et pour l'histoire?

A. PABAN.

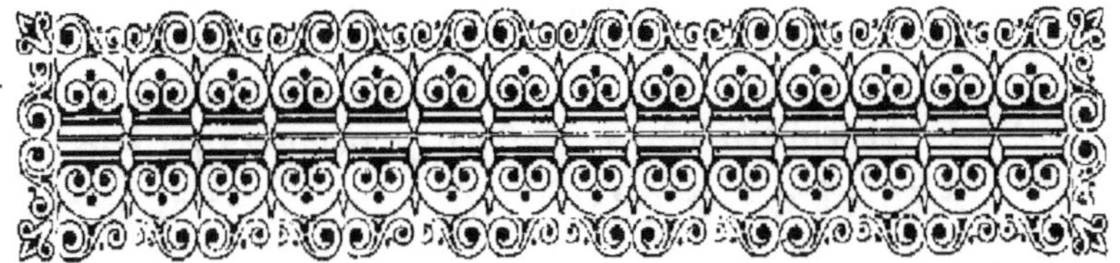

MUSÉE BRETON

Chambre bretonne

447. **Horloge-régulateur,** cadre en bois sculpté (Travail normand du XVIIIe siècle).
449. **Vieux moulin** à poivre en bois.
450. **Porte-pipe** en bois ancien.
451. **Casse-noisettes** en fer ancien.
452. **Lit** breton en bois de châtaignier.
453. **Armoire** bretonne en bois de chêne.
454. **Deux bâts.**
455. **Flambeau** en cuivre (Louis XIII).
456. **Lit** breton marqueterie (1874).
457. **Buffet** vaisselier en bois de chêne.
460. **Coupe** ronde, décor bleu (Quimper).
461. **Plat** à bords festonnés, décor bleu (Quimper).

462. **Plat,** décor bleu et manganèse (Quimper).
463. **Assiette** creuse, décor polychrome (Quimper).
467. **Cendrier** imitation Rouen (Quimper).
468. **Plat** à lard en bois tourné.
469. **Ecuelle** en bois gravée au feu.
470. **Rouet** ancien.
471. **Armoire** bretonne portant la date de 1639. Ferrures nickelées.
472. **Devant de coffre** en bois sculpté.
473. **Table** bahut bretonne (Epoque de la Renaissance).
475. **Une bombarde.**
476. **Un biniou.**
477. **Deux garde-pipes** bretons.
478. **Boîte** à amadou en os, en breton *Korntont*.
480. **Briquet** breton.
481. **Deux cuillers** bretonnes pliantes gravées. L'une porte la date de 1805, l'autre de 1840.
482. **Cuiller** bretonne gravée non pliante.
483. **Quatre cuillers** bretonnes gravées au feu (modernes).
484. **Ecritoire** bretonne en carton durci.
485. **Couteau** breton ancien.
486. **Une paire de boutons** doubles en cuivre.
487. **Une paire de boutons** doubles en bois.
488. **Porte-cuillers** breton en bois tourné.
489. **Huit cuillers** en bois.

490. **Paire de landiers** avec pots à feu en fer.
491. **Porte-marmite.**
492. **Chandelier** breton à quatre branches en fer forgé.
493. **Chandelier** breton à deux branches en fer forgé.
494. **Chandelier** breton à deux branches en fer forgé, plus grand que le précédent.
495. **Pot** à battre le beurre, terre cuite (Bretagne).
496. **Boîte** à amadou et **étui** de pipe breton.
497. **Cheminée** en bois, copie d'un modèle ancien.
498. **Petite pipe** bretonne.
547. **Croix** et **cœur** en argent.
919. **Devant de lit** breton en bois.
152. **Petit sifflet** de marin.

VESTIBULE DES LAURIERS

Costumés bretons

507. **Portrait** d'homme en pied vêtu de noir. Armoiries dans l'angle supérieur gauche (Ecole hollandaise).

533. **Corsage** de femme de Quimper.
534. **Costume** ancien de femme de Kerfeunteun.
540. **Tablier** ancien de Briec.
536. **Jupe** de laine ancienne de Concarneau.
541. **Mouchoir** ancien de Concarneau.
542. **Trois rubans** anciens (mode de Concarneau).
941. **Châle** brodé de couleur. — Concarneau (1830).
551. **Châle** brodé. — Concarneau.
553. **Châle** d'indienne ancien. — Concarneau.
554. **Tablier** et sa piécette. — Concarneau.
556. **Parure** complète de Concarneau.
535. **Corchupen** ancien de Trégunc.
520. **Costume** ancien de femme de Douarnenez.
539. **Châle** de laine brodé de Douarnenez.
940. **Châle** brodé noir. — Douarnenez (1830.)
939. **Tablier** blanc brodé. — Douarnenez (1850.)
943. **Tablier** et **châle** de dentelle noir (brodés à la main). — Douarnenez (1850.)
545. **Fichu** de couleur. — Douarnenez.
521. **Costume** ancien de femme de Ploaré.
531. **Costume** complet ancien d'homme. — Ploaré.
523. **Costume** ancien d'homme de Beuzec. — Cap-Sizun.
526. **Costume** ancien de femme de Pont-l'Abbé.
537. **Costume** ancien de Pont-l'Abbé.

538. **Jupe** en toile plissée de Pont-l'Abbé.
552. **Tablier** en pilou de Pont-l'Abbé.
544. **Tablier** de soie ancien. — Chateaulin.
532. **Corsage** de femme de Gouezëc.
527. **Costume** complet ancien d'homme. — Coray.
530. **Costume** complet ancien d'homme. — Elliant.
529. **Costume** complet ancien d'homme. — Bannalec.
525. **Costume** ancien de femme de Pont-Aven.
528. **Costume** complet ancien d'homme. — Riec.
951. **Tablier** de noce. — Hennebont (1870.)
546. **Une paire de souliers** à boucles. — Lannilis (1820).
548. **Trois ceintures** bretonnes en cuir avec plaques en cuivre.
549. **Une paire de sabots** sculptés.
550. **Une autre paire de sabots** sculptés.
555. **Une autre paire de sabots** sculptés.

ANCIENNE CHAMBRE des LAURIERS

Tableaux

405. **Portrait** de paysanne bretonne.
503-505. **Paysages** peints sur bois.

508. **Deux pendants.** — Vues de monuments (Ecole italienne).

510. **Quatre toiles** représentant des natures mortes (Ecole flamande — xviie siècle).

516. **Peinture** sur bois. Une vieille femme file sa quenouille pour la rançon de Duguesclin.

517. **Combat** de la frégate française *la Survèillante*, commandée par du Couëdic, et de la frégate *le Quebec*, commandée par le capitaine Farner. Ce combat eut lieu à hauteur d'Ouessant, le 6 octobre 1769. — Ancienne gravure.

630. **Reproduction** d'une toile de Raffet. — Bataille de Poitiers.

636. **Trois reproductions** photographiques de tableaux de Comte.

GALERIE DES COIFFES BRETONNES

DÉPARTEMENT DU FINISTÈRE

ARRONDISSEMENT DE QUIMPER

Canton de Quimper

1. **Coiffe** quimpéroise en mousseline (ancienne mode).
2. **Coiffe** de Quimper (1870).
3. **Petite coiffe** moderne dite *Bourleden*, en usage dans le canton de Quimper.

Canton de Briec

4. **Coiffe** en mousseline ancienne de Briec-sur-l'Odet.

Canton de Concarneau

5. **Coiffe** ancienne de Concarneau.
6.   id.   id.

Canton de Douarnenez

7. **Coiffe** et **col** anciens de Douarnenez.
8. **Parure** et **bonnet** de Douarnenez (1860).
9. **Coiffe** et **col** anciens de Ploaré.
10. **Ancienne coiffe** de Ploaré.
11. **Coiffe** de Ploaré en usage actuellement.

Canton de Fouesnant

12. **Coiffe** fouesnantaise ancienne avec sous-coiffe et ruban.
13. **Coiffe** fouesnantaise actuelle, avec col, sous-coiffe, ruban et lacet de soie.

Canton de Plogastel-Saint-Germain

14. **Coiffe** dite *Bigoudenn laset* (lacée), en usage dans les communes de Plogastel-St-Germain, Plonéour-Lanvern, Pouldreuzic, Plovan, Tréogat et Peumerit.
15. **Coiffe** dite *Bigoudenn dilaset* (délacée), en usage à Plozevet.
16. **Coiffe** dit *Plat bihan* (petite coiffe), en usage à Landudec.
17. **Grande coiffe** en usage à Guiler et Plogastel-Saint-Germain.
18. **Coiffe** dite *Pen poli* ou *Bourleden*, ancienne coiffure en usage dans les communes de Plonéis et de Gourlizon.

Canton de Pont-Croix

19. **Coiffe** mousseline avec sous-coiffe noire,
    en usage à Audierne et à Pont-Croix.
20. **Coiffe** ancienne du Cap.
21. **Coiffe** coton, dite *Burgaere₹*, en usage
    à Beuzec-Cap-Sizun et dans les autres
    communes du Cap.
22. **Coiffe** coton, dite *Bourleden*, en usage
    à Mahalon.
23. **Coiffe** de deuil en drap de l'Ile de Sein.

Canton de Pont-l'Abbé

24. **Coiffe** ancienne de Pont-l'Abbé.
25.   id.   id.
26.   id.   id.

Canton de Rosporden

27. **Coiffe** dite empesée ou relevée, de tulle
    brodé à la main. — Rosporden.
28. **Coiffe** de deuil dite à pans (coton). —
    Rosporden.
29. **Coiffe** d'artisane (tulle brodé à la main).
    — Rosporden.

Arrondissement de Chateaulin

Canton de Châteaulin

30. **Ancienne coiffe** de ville de Châteaulin.
— N'est actuellement portée que par quelques vieilles femme de cette localité.
31. **Coiffe** à la mode de Châteaulin, avec col.
32. **Coiffe** dite de Châteaulin.
33. **Coiffe** et **col** de Châteaulin.
34. **Bonnet** de petite fille. — Châteaulin.
35. **Bonnet** de petit garçon. — Châteaulin.
36. **Bonnet** de baptême. — Châteaulin.

Canton de Châteauneuf-du-Faou

37. **Coiffe** et **col** de Châteauneuf-du-Faou (mode de la ville).
38. **Coiffe** et **col** de Châteauneuf–du-Faou (mode de la campagne).

Canton du Faou

39. **Coiffe** dite du Faou.

Canton de Carhaix

40. **Coiffe** carhaizienne ancienne (mousseline).
41. **Coiffe** longue habillée en tulle brodé pour noces et cérémonies, en usage à Carhaix.
42. **Coiffe** carhaizienne de paysanne en tulle.

43. **Coiffe** carhaizienne d'artisane en tulle.

Canton de Crozon

44. **Coiffe** crozonnaise ancienne. — N'est plus portée que par quelques vieilles femmes de Telgruc.
45. **Coiffe** crozonnaise moderne dite *Penn Sardine*, en usage à Crozon, Camaret, Roscanvel, Lanriec, Telgruc et dans certains villages de la partie ouest de Landévennec.
46. **Coiffe** dite d'Argol, en usage à Argol (partie nord), à Trégarvan et à Landévennec.
47. **Coiffe** dite *Korken*, en usage à Argol (partie sud).

Canton de Huelgoat

48. **Coiffe** de ville de Huelgoat en mousseline brodée.
49. **Coiffe** de Huelgoat (campagne), travail au crochet.
50. **Coiffe** de Bolazec dite *Touquen* (tulle brodé à la main).

Canton de Pleyben

51. **Coiffe** de deuil de Pleyben.
51bis **Coiffe** ancienne, dite *Marmotte*, de Brasparts.
52. **Coiffe** de Brennilis avec collerette.
53. **Coiffe** et **col** de Gouëzec.
54. **Coiffe** de Lothey avec collerette.

ARRONDISSEMENT DE BREST

1er Canton de Brest

55. **Coiffe** ancienne, dite *Marmotte*, de Brest.
56. **Coiffe** de Brest portée par les jeunes femmes.
57. **Coiffe** de Brest portée par les femmes âgées.
58. **Coiffe** de vieille femme. — Brest.

2e Canton de Brest

59. **Coiffe** ancienne de Gouesnou.
60. **Coiffe** moderne de Lambézellec.

Canton de Daoulas

61. **Coiffe** (mousseline et dentelle), dite *Petite coiffe de Daoulas*, en usage dans les communes du canton de ce nom, Plougastel excepté.
62. **Coiffe** mousseline avec dentelle au crochet, dite *Grande coiffe de Daoulas*, en usage dans les communes de ce nom, Plougastel excepté.
63. **Coiffe** de cérémonie de Plougastel-Daoulas.
64. **Bonnet** d'enfant — Plougastel-Daoulas.
65. **Coiffe** de vieille femme — Plougastel-Daoulas.

Canton de Landerneau

66. **Coiffe** ancienne dite *Marmotte*, autrefois en usage à Landerneau.
67. **Coiffe** dite de Landerneau.
68. **Coiffe** moderne de Landerneau, dite *Marmotte* (mousseline rayée et brodée).
69. **Coiffe** pliée, avec col, dite *Kernevedez*, portée à Dirinon, au Faou, à Hanvec, Daoulas, Irvillac, Chateaulin.
70. **Petite coiffe** brodée, en usage à Dirinon, même modèle que la coiffe de Guipavas non retroussée.
71. **Coiffe** ancienne, dite *Chouquen*, autrefois en usage à Plouëdern.
72. **Coiffe** brodée, dite *Dichouquen*, actuellement en usage à Plouëdern.

Canton de Lannilis

73. **Coiffe** mousseline, dite *Jenose*, ornée de dentelle, particulièrement en usage dans les bourgs de Lannilis et de Landéda.
74. **Coiffe,** dite *Cornette*, en tulle et dentelle, portée les jours de fête par les paysannes de Lannilis, Landéda, Tréglonou, Plouguerneau, Saint-Pabu et Ploudalmézeau.
75. **Coiffe** de Plouguerneau.
76. id.   id.
77. **Coiffe,** dite *Dichouquen*, en usage à

Plouguerneau, Le Folgoët, Ploudaniel,
Saint-Méen, Kernilis, Lanarvily, Lannilis.

78. **Coiffe** de Laberwrac'h.

Canton de Lesneven

79. **Ancienne** coiffure de Lesneven, dite
Craquic.

80. **Coiffe** en tulle brodé, dite *Cornette*. Se
porte les jours de pardon et de ma-
riage à Lesneven, Le Folgoët, Guissény, Ploudaniel, et dans toutes les
communes des environs, avec la robe
de mérinos noire, le châle brodé noir
ou en couleur, le tablier de soie moirée
ou brochée. Pour les communions la
Cornette se porte avec la toilette de
mousseline blanche.

81. **Coiffe** mousseline rayée, avec bordure
en tulle, dite *Jenose*. Est portée dans
les environs de Lesneven par les
fillettes aisées, et à Lesneven par les
jeunes filles.

82. **Grande coiffe** carrée très ancienne avec
bonnet noir. Cette coiffe en tulle brodé
est orné de galons argent et or. Elle
se porte aux pardons et aux mariages
à Kerlouan, Kernouès, Plounéour-
Trez, avec le costume de damas de
soie rouge ou violet et le tablier.

83. **Coiffe** tulle, dite *Chouquen*, portée par

les paysannes de Kerlouan et de Guissény.

84. **Coiffe** tulle brodé, dite *Chouquen*, en usage à Kernouès, Guissény, Kerlouan, Plounéour-Trez, Plouider. Elle se porte en couleur, pour tous les jours, sous le nom de *Koèf brisès*, et en blanc avec dentelle pour grande toilette et en mousseline unie pour deuil.

Canton d'Ouessant

85. **Coiffe** de l'île d'Ouessant. Il n'y a qu'un spécimen de coiffe à Ouessant, seulement les personnes âgées portent, sous la coiffe proprement dite, un bonnet noir et les jeunes un bonnet de couleur, en soie généralement.

Canton de Ploudalmézeau

86. **Coiffe** carrée unie en coton autrefois en usage à Saint-Pabu, Landéda et Lannilis. Cette coiffe se portait à la campagne, les jours de fête et de cérémonie ; elle a été remplacée par la cornette.

Canton de Ploudiry

87. **Coiffe** tulle brodé, dite *Sparll* ou *Tintaman*, en usage à Ploudiry, La Martyre, Sizun, Tréflévénez.

88. **Coiffe** ancienne (1849) de la Roche-

Maurice (mousseline brodée à la main).
Cette coiffe, aujourd'hui remplacée
par une coiffure dite *Sparll*, n'est plus
portée que par quelques vieilles
femmes.

89. **Coiffe** moderne (filet brodée à la main),
dite *Sparll*, en usage à la Roche-
Maurice.

Canton de Saint-Renan

90. **Coiffe** longue ancienne de ville (mousseline brodée), autrefois en usage dans
les cantons de Saint-Renan et de
Ploudalmézeau (1849). Cette coiffe se
porte avec un serre-tête ou un bonnet
noir.

91. **Coiffe** ancienne (mousseline brodée),
dite *Jenose*, autrefois en usage dans
les cantons de Saint-Renan et de
Ploudalmézeau. Cette coiffe se porte
avec un peigne.

92. **Petite coiffe** courte moderne (mousseline brodée), actuellement en usage
dans les cantons de Saint-Renan et de
Ploudalmézeau. Sous cette coiffe on
porte un serre-tête ou bonnet noir.

ARRONDISSEMENT DE MORLAIX

Canton de Morlaix

Deux sortes de coiffes se portent généralement dans le canton de Morlaix. Un modèle-type est pourtant spécial à la région : c'est la coiffe proprement dite de Morlaix. De celle-ci il existe trois spécimens : 1º L'ancienne coiffe de la ville, gardée encore par quelques femmes très âgées ; 2º La moderne, portée le plus souvent, et enfin 3º la *Cornette*, coiffure des grandes cérémonies. Cette dernière est très répandue dans le département.

Une autre coiffe dite de *Tréguier*, et appelée *Touquen*, se porte beaucoup en ville.

93. **Cornette** ou grande coiffe de Morlaix. Cette coiffe en usage à la ville et à la campagne se porte les deux ailes relevées, pour former une espèce de cône renversé, à l'occasion des grandes cérémonies, noces, baptêmes. Elle se porte également aux enterrements comme coiffure de deuil, mais dans ces circonstances les deux ailes restent pendantes.

94. **Coiffe** dite de Morlaix. Cette coiffe est également en usage dans les communes de St-Martin-des-Champs, Sainte-Sève et Ploujean.

95. **Coiffe** de linge (vieille femme) — Morlaix.

Canton de Plouescat

96. **Coiffe** de tulle brodé à la main et bordé de dentelle, en usage dans les communes de Plouescat, Saint-Pol-de-Léon, Sibiril, Mespaul, Plouénan et Plougoulm, et dans le canton de Plouzévédé.

Canton de Landivisiau

97. **Coiffe** ancienne de Landivisiau (ville).
98. **Coiffe** et **Col** ancien — Landivisiau (ville).
99. **Col** ancien (toile) — Landivisiau.
100. **Coiffe** noire de deuil.
101. **Coiffe** ancienne de cérémonie — Landivisiau (1850).
102. **Coiffe** de la campagne — Landivisiau.
103. **Coiffe** brodée — Landivisiau.
104. **Coiffe** brodée à la main — Landivisiau.
105. **Grande coiffe** de Landivisiau.
106. **Bonnets** — Landivisiau.

Canton de Lanmeur

107. **Coiffe** ancienne (toile) — Lanmeur (1839),
108. **Trois coiffes** anciennes (coton) — Lanmeur (1839).
109. **Coiffe** (tulle), dite *Jobeline*, avec petite

bordure au crochet. Autrefois en usage à Lanmeur.

110. **Cornette** ou **grande coiffe** habillée (tulle et dentelle), dite de cérémonie, actuellement en usage à Lanmeur.

111. **Coiffe** unie (coton) demi-deuil, dite *Catiole*, en usage à Lanmeur. Cette coiffe est une modification de la cornette.

Canton de Plouigneau

112. **Deux coiffures** anciennes, dites de Tréguier, autrefois en usage dans toutes les communes des cantons de Plouigneau et de Lanmeur, ainsi que dans les arrondissements de Guingamp et de Lannion (Côtes-du-Nord).

113. **Coiffure** moderne, dite de Tréguier, actuellement en usage dans toutes les communes du canton de Plouigneau et dans celui de Lanmeur.

114. **Coiffe** (tulle), avec bordure au crochet, dite de Tréguier, en usage dans les différentes communes des cantons de Plouigneau, Lanmeur et dans la partie ouest des Côtes-du-Nord. Elle est portée à Morlaix par un grand nombre de domestiques.

Canton de Saint-Pol-de-Léon

115. **Coiffe** de ville — Saint-Pol-de-Léon.

116. **Coiffe** dite de Saint-Pol-de-Léon.

117.   Id.

118. **Coiffe** de la campagne, dite *Chicoleden,* en usage dans toutes les communes des cantons de Saint-Pol-de-Léon, Plouescat et Plouzévédé.

119. **Coiffe** ancienne de la ville de Roscoff, dite la *Pagane.* Les brides ne se nouent pas. Les lacets de la coulisse font deux tours et viennent se lacer derrière. C'est la plus ancienne coiffe de Roscoff.

120. **Coiffure** nouvelle de ville, dite *La République.* Les brides se nouent sous le menton.

121. **Coiffe** ancienne de l'île de Batz. Les lacets de la coulisse se nouent sous le menton. Les ailes sont plus longues que dans la nouvelle coiffe. Il y avait une coiffe encore plus ancienne, mais on n'a pu en retrouver le modèle ; elle se portait en mousseline.

122. **Coiffe** nouvelle de l'île de Batz. Les lacets se nouent sous le menton.

123. **Coiffe** nouvelle de fête et de cérémonie de l'île de Batz, dite *Chicoleden,* en mousseline bordée de dentelle. Les brides de cette coiffe se nouent sous le menton, tandis que contrairement aux coiffes nᵒˢ 121 et 122 les lacets de la coulisse se nouent derrière.

Canton de Sizun

124. **Ancienne coiffe** habillée (mousseline brodée), avec bonnet de toile et bandelette violette, dite *Tintaman* (1800), autrefois en usage dans les cantons de Sizun, Saint-Thégonnec, Landivisiau, Plouescat.

Les anciennes coiffes de Sizun sont très richement brodées ; il en existe très peu, car on les défait pour appliquer les broderies aux nouvelles coiffes.

125. **Coiffe** moderne (tulle), avec bonnet, dite *Tintaman*, en usage dans les cantons de Sizun, Saint-Thégonnec, Landivisiau, Ploudiry.

Canton de Taulé

Il y a deux spécimens de coiffes dans le canton de Taulé : 1º la coiffe dite *Taulésienne*, portée par les personnes originaires des communes de Taulé, Henvic, Carantec et Locquénolé, communes situées entre la rivière de Morlaix et celle de la Penzé où, dit-on, on parle le meilleur breton ; 2º la coiffe portée par les femmes de Guiclan, qui est la même que celle des communes de Saint-Thégonnec, Pleyber-Christ, etc.

126. **Coiffe** très ancienne de Taulé (1799) en coton.

127. **Coiffe** ancienne (coton) de Taulé (1839).

128. **Coiffe** ancienne (bazin) de Taulé (1849).
129. **Coiffe** nouvelle (tulle) de Taulé.
130. **Coiffe** de Carantec.

Canton de Saint-Thégonnec

131. **Coiffe** ancienne, dite *Tintaman* (mous-
    seline brodée à la main), autrefois en
    usage à Saint-Thégonnec.
132. **Coiffe** nouvelle de Saint-Thégonnec,
    dite *Tintaman* (filet fait à la main).

———

ARRONDISSEMENT DE QUIMPERLÉ

—

Canton de Quimperlé

133. **Coiffe** (mousseline brodée), en usage à
    Quimperlé, Bannalec, Scaër, Saint-
    Thurien, Mellac et Le Trévoux.
134. **Coiffe** claire (tulle brodé), ressemblant
    à celle du Morbihan et remplaçant
    celle d'autrefois portée par les arti-
    sanes. Elle est aujourd'hui en usage
    à Quimperlé seulement (rives de la
    Laita).

Canton d'Arzano

135 **Coiffe** dite *Capote*, en étoffe noire, avec
    bonnet de coton bleu. Cette coiffe
    ancienne est encore portée à Arzano,
    Guilligomarc'h, Rédéné.

136. **Coiffe** dite de mariée (mousseline), avec bonnet ; ancienne mode — Arzano.

137. **Coiffe** (mousseline et dentelle), avec bonnet, actuellement en usage à Arzano, Guilligomarc'h, Rédéné.

Canton de Scaër

138. **Grande coiffe** de Scaër, ornée d'une bordure au crochet, avec sous-coiffe et bonnet, ruban et col garni de dentelle.

Cette coiffe se porte également à Bannalec, au Trévoux, à Mellac et aux environs de Quimperlé. Elle diffère très peu de la coiffe de Rosporden, Elliant et Fouesnant.

139. **Coiffe** drap noir, avec bonnet coton blanc, dite *Capote*, assez répandue dans les environs de Querrien. N'est plus portée que par les femmes âgées dans les communes d'Arzano, Guilligomarc'h, Rédéné.

Canton de Bannalec

Il existe dans le canton trois sortes de coiffes : la coiffe claire garnie de dentelle, pour les grands jours ; la coiffe de coton, pour le deuil et pour l'ordinaire de tous les jours ; enfin la coiffe de laine noire, portée par quelques personnes aux enterrements et aux services anniversaires. Comme coupe et

disposition, les coiffes de Bannalec et du Trévoux se ressemblent. Celles de Kernével et
de Melgven en diffèrent quelque peu.
140. **Coiffe** ancienne de Bannalec.
141. **Coiffe** ancienne de Bannalec.
142. **Coiffe** actuelle de Bannalec (1895).

Canton de Pont-Aven

143. **Coiffe, col, ruban et accessoires —**
Pont-Aven.
144. **Coiffe** de Pont-Aven avec sous-coiffe et
ruban.
145. **Col** de Pont-Aven (1885),
146. **Coiffe** (tulle brodé), en usage à Névez.
147. **Coiffe** (tulle brodé), en usage à Moëlan.

DEUXIÈME ÉTAGE
GALERIE DES COIFFES (Suite)

DÉPARTEMENT DU MORBIHAN

ARRONDISSEMENT DE VANNES

Cantons de Vannes-Est et de Vannes-Ouest

On trouve dans les cantons de Vannes-Est
et de Vannes-Ouest dix spécimens de coiffes :

6 à Vannes, dont 4 modernes et 2 anciennes ;
2 à l'Ile d'Arz, une moderne et une ancienne ;
une à l'Ile-aux-Moines.

La coiffure d'Auray est très répandue dans les deux cantons.

148. **Coiffe** de Saint-Pathern ancienne (mousseline) avec coiffette au crochet.

149-150. **Deux coiffes** de Saint-Pathern modernes (gaze) avec bonnet, en usage à Vannes et à Elven, à Saint-Nolf (canton d'Elven). Dans les autres communes de ce canton, cette coiffe n'est portée que par les femmes âgées.

151. **Coiffe** dite d'artisane (tulle brodé) — Vannes.

152. **Coiffe** ordinaire d'artisane (tulle brodé) — Vannes.

153. **Coiffe** dite *Allumette* (gaze et dentelle), très commune à Vannes et dans le canton d'Elven.

154. **Coiffe** dite *Galèse* (mousseline), se porte dans toute la partie est du Morbihan.

155. **Coiffe** ancienne de l'Ile-d'Arz (mousseline).

156. **Coiffe** de l'Ile-aux-Moines (gaze) avec coiffette au crochet.

Canton d'Allaire

Il y a trois sortes de coiffes en usage dans ce canton ; elles sont semblables dans toutes les communes qui le composent : 1° la *Coiffe ordinaire ;* 2º la *Coiffe ancienne* en mousseline, gaze, tulle ; 3º la *Coiffe de deuil* en molleton de laine blanc et velours noir.

157. **Coiffe** ancienne d'Allaire, avec bonnet.
158. **Coiffe** ordinaire d'Allaire, avec bonnet.
159. **Coiffe** de deuil.

Canton d'Elven

Il existe dans le canton cinq spécimens de coiffes : le *Pignon*, encore porté par quelques personnes âgées ; 2º la coiffe dite de Saint-Pathern, qui a remplacé le *Pignon ;* 3º la *Petite Coiffe* ou *Coiffe-Allumette ;* 4º la *Galèse ;* 5º la coiffe dite d'*Auray*, la plus portée aujourd'hui.

160. **Coiffe Pignon** (mousseline) avec bonnet. Se porte seulement à Elven.

Canton de la Gacilly

Il y a dans ce canton quatre spécimens de coiffes.

161. **Coiffe gacillienne** ancienne (mousseline) en usage dans les communes de la Gacilly, Glénac, Cournou, Carentoir, Quelneuc.
162. **Coiffe** ancienne de mariée (tulle brodé) en usage dans les cantons de la Gacilly, Glénac, Cournou, Carentoir, Quelneuc.
163. **Coiffe** gacillienne actuelle, portée par les jeunes élégantes (tulle brodé). En

usage dans les communes de la Gacilly,
Glenac, Cournou, Carentoir.

164. **Coiffe** ancienne dite *Béguin* (en piqué)
en usage dans la commune de la Cha-
pelle-Gaceline.

Canton de Muzillac

165. **Coiffe** de ville ancienne dite *Burgot*
(tulle brodé). Se portait autrefois à
Muzillac. Elle a tout à fait disparu et
est remplacée par la *Gogotte* en usage
actuellement.

166. **Coiffe** de Muzillac, dite *Gogotte* (tulle
brodé). Ne se porte que dans la ville.

167. **Coiffe** (gaze) avec bonnet, dite *Coiffe
plate*. Se porte actuellement à Muzillac
— campagne et dans les communes de
Billiers, Argol, Noyal-Muzillac, Le
Guerne et Ambon, qui font partie du
canton de Muzillac.

168. **Coiffe** d'Ambon.

169. **Coiffe** de Pénerf.

Canton de Questembert

Il n'existe qu'un type de coiffe dans le
canton.

170. **Coiffe** et **bonnet** (gaze et tulle brodé)
de Questembert, portés aussi dans les
communes de Pleucadeuc, Larré, Mo-
lac, Bohal, Lauzach appartenant au
même canton, et dans la plupart des

cantons limitrophes de Muzillac et de Malestroit. Cette coiffe est très répandue dans l'arrondissement de Ploërmel. Par contre, elle perd du terrain à Questembert. Les jeunes filles lui préfèrent la petite coiffe de la Roche-Bernard.

Canton de La Roche-Bernard

On trouve dans ce canton quatre espèces de coiffes : 1° la *Gogotte*, coiffe de ville ; 2° la *Galèse* ; 3° la *Nantaise* ; 4° la *Coiffe à pignon*. Ces deux dernières se portent à la campagne.

171. **Coiffe** dite *Gogotte*. Elle est particulière à la ville ; on en trouve néanmoins du même genre à Muzillac (Morbihan) et Herbignac (Loire-Inférieure), mais avec de légères modifications. Le véritable type de la *Gogotte* n'existe qu'à la Roche-Bernard.

172. **Coiffe** générale du pays gallo (tulle brodé), avec bonnet. Cette coiffure se fait encore en mousseline ou en calicot. Elle est très répandue depuis Marzan (canton de la Roche-Bernard), Muzillac, jusqu'à Malestroit et au delà.

Canton de Rochefort-en-Terre

Il existe à Rochefort-en-Terre quatre genres de coiffes. Dans les autres communes du canton on porte celle dite *Coiffe ordinaire,* sauf à Limerzel où la coiffe de Questembert est en usage.

173. **Coiffe** de vieille femme (coton), avec bonnet, en usage à Rochefort-en-Terre.

174. **Coiffe** antique (coton et dentelle), portée à Rochefort-en-Terre.

Canton de Sarzeau

Dans toutes les communes du canton de Sarzeau on porte la même coiffe, avec quelques variantes quant à la longueur ou à la largeur des ailes. Ces ailes sont, en général, relevées sur le sommet de la tête ; on ne les laisse tomber que pour aller à l'église.

175. **Coiffe** de cérémonie (gaze), avec bonnet en filet brodé. Se portait, il y a plus de cinquante ans, à Sarzeau.

176. **Coiffe** simple de cérémonie (mousseline brodée), avec bonnet (tulle brodé) ; en usage, il y a trente ou quarante ans, à Sarzeau et aux environs,

177. **Coiffe** grossière des femmes pauvres de la campagne, avec bonnet au crochet ; actuellement en usage à Sarzeau.

ARRONDISSEMENT DE LORIENT

1er et 2e cantons de Lorient

Il y a trois sortes de coiffes dans les deux cantons de Lorient : 1º la coiffe avec béguin et col ou fichu ; 2° le *Capot d'été* ; 3° le *Capot d'hiver*.

178. **Coiffe** de Lorient.

179. **Capot d'été** dit *Capot blanc* (mousseline imprimée) en usage à Lorient et à Plœmeur, Caudan, Quéven et même Pont-Scorff.

180. **Capot d'hiver** (mérinos et soie noire) en usage à Lorient et dans les mêmes communes que la précédente coiffure.

Canton du Palais ou de Belle-Ile

Il existe à Belle-Ile deux spécimens principaux de coiffes : 1° la *Gogèche*, coiffe plissée à double fond ; 2° la *Cornette bretonne* à mentonnière, fond rond ; 3° la *Gogèche moderne*, avec broderies et rubans.

181. **Ancienne coiffe** de Belle-Ile.

182. **Coiffe** (coton) dite *Gogèche*. N'est plus portée que par les vieilles paysannes de la commune de Loc-Maria (Belle-Ile).

183. **Coiffe** de maison, dite *Cornette* (coton garni de dentelle), en usage dans la commune de Loc-Maria (Belle-Ile).

184. **Coiffe** moderne (tulle brodé, dentelle de soie), portée au Palais, à Sauzon, à Bangor et à Loc-Maria (Belle-Ile).

Canton d'Hennebont

Il existe quatre genres de coiffes dans le canton : 1° la *Coiffe longue* pour les jours de cérémonie ; le *Capot*, coiffure ordinaire de paysanne ; 3° la *Coiffe* de la paysanne de ville, à fond brodé. On peut encore mentionner une quatrième coiffe, portée par les artisanes, mais qui tend à disparaître.

185. **Coiffe** d'Hennebont (tulle et dentelle), avec bonnet ou béguin. En usage à Hennebont, Languidic, Suzinzac, Branderiou, pour baptêmes, mariages, noces, enterrements, pardons, etc.

186. **Capot breton** (mousseline imprimée), avec bonnet. Se porte dans les mêmes communes du canton d'Hennebont que la coiffure précédente, les jours de marché, de promenade, etc. Pour les enterrements ce capot se fait en drap noir.

Canton de Port-Louis

A Port-Louis — ville, deux genres de coiffures sont en usage, dont une très ancienne. A Riantec et à Plouhinec on porte deux espèces de coiffes, l'une d'hiver, l'autre d'été. Il y a encore une coiffe spéciale aux grandes cérémonie, elle coûte de 20 à 50 fr.

187. **Coiffe** de Port-Louis ancienne (tulle brodé), avec béguin (tulle brodé).

188. **Coiffe** de Port-Louis moderne (gaze et dentelle), avec béguin (tulle brodé).

189. **Coiffe** de Riantec, dite *Capot d'été* (mousseline imprimée), avec béguin (coton).

190. **Coiffe** de Plouhinec, dite *Capot d'hiver* (mérinos, velours et soie noire), avec béguin.

Canton de Belz

On compte dans le canton quatre nuances de coiffes et huit spécimens.

191. **Coiffe** (gaze), avec bonnet (tulle brodé). Se porte à Belz, Etel, Erdeven, Plœmel et Locoal-Mendon.

192. **Coiffe** (gaz garnie de dentelle), avec bonnet (filet brodé). En usage dans les mêmes communes que la précédente coiffe.

193. **Coiffe** (coton rayé, dit *Basin*), avec bonnet (mousseline à pois). En usage dans les mêmes communes que les coiffes n° 191 et 192.

194. **Coiffe** (coton bleu foncé bordé d'un large velours), avec bonnet (coton rayé). Est portée par les femmes âgées dans les mêmes communes que les trois coiffes précédentes.

Canton de Plouay

Les coiffes en usage dans le canton de Plouay sont des imitations de coiffures de Guéméné-sur-Scorff, de Kerentrech-Lorient et des communes du canton d'Hennebont.

Canton de Pluvigner

Il y a dans ce canton cinq types principaux de coiffes et quatre nuances. Les cinq types sont : la coiffe de Pluvigner ; 2º la coiffe de Camors ; 3º la coiffe de Landévant ; 4º la coiffe dite *Jobeline ;* 5º la coiffe brodée de cérémonie.

195. **Coiffe** (mousseline imprimée), dite *Capot*, en usage à Pluvigner. Pour la campagne elle se confectionne plus souvent en étoffe et velours noir.

196. **Coiffe** (mousseline imprimée, dite *Capot*, en usage à Camors. Se fait aussi en étoffe et velours noir.

197. **Coiffe** (mousseline imprimée), dite *Capot*, en usage à Landévant. Se fait plus communément en étoffe et velours noir.

198. **Coiffe** dite *Jobeline* (gaze). En usage dans les communes de Pluvigner, de Brech et de Landaul. Se porte principalement dans ces deux dernières communes, confectionnée en étoffe et velours noir.

Canton de Pont-Scorff

Deux genres de coiffes dans ce canton : 1º la *Paysanne*, qui n'est autre que celle de Lorient, unie ou garnie avec béguin ; 2º la

coiffe dite d'*artisane* qui a à peu près disparu et est remplacée par la coiffe de Lorient.
199. **Coiffe** d'artisane de Pont-Scorff.

Canton de Quiberon

Il n'y a qu'une seule coiffe dans ce canton : elle se rapproche beaucoup de la coiffe d'Auray.

ARRONDISSEMENT DE PLOERMEL

Canton de Ploërmel

Il n'y a qu'un seul spécimen de coiffe dans ce canton.
200. **Coiffe** (gaze et dentelle). En usage à Ploërmel, Campénéac, Taupont, Gourhel, Loyat et Montertelot.

Canton de Guer

Il existe dans le canton de Guer quatre genres de coiffures : la coiffure générale du pays gallo ; 2° la coiffure d'Angan à grandes ailes ; 3° la *Polka*, qui se compose d'un carré d'étoffe avec une large mentonnière ; 4° la *Catiole*, toute petite et triangulaire.
201. **Coiffe** (tulle brodé), dite *Catiole*. C'est la coiffe de cérémonie de Guer. Elle se porte notamment, dans ce bourg, aux mariages.
202. **Coiffe** (tulle de soie brodé), dite *Polka*.

C'est la coiffure habituelle des jeunes filles de Guer ; mais elle est surtout répandue dans l'Ille-et-Vilaine.

203. **Coiffe** d'Angan (gaze), avec bonnet (tulle brodé). Cette coiffe est aussi en usage dans une partie de la commune de Campénéac. Les personnes âgées la portent en calicot épais.

Canton de Josselin

Dans le canton de Josselin, qui comprend 11 communes, le nombre approximatif des spécimens de coiffes est d'environ douze à quinze, y compris les coiffes anciennes.

Canton de la Trinité-Porhoët

Il y a dans le canton cinq spécimens de coiffes : 1º le *Capot* pour les femmes âgées ; 2º la *Grande Coiffette* ; 3º la *Petite Coiffette* avec ou sans attaches ; 4ʳ la *Coiffe relevée ;* 5º la *Catiole* pour les jeunes élégantes.

204. **Coiffe** (mousseline brodée et dentelle), dite *Grande Coiffette*, en usage dans la commune de la Trinité-Porhoët et dans tout le canton de Plumieux (Côtes-du-Nord).

205. **Coiffe** (tulle brodé), dite *Petite Coiffette*, en usage à la Trinité, Mahon, Saint-Malo-des-Trois-Fontaines, Evriguet, Ménéac.

206. **Coiffe** (mousseline), dite *Coiffe relevée*. Se porte à la Trinité-Porhoët, Ménéac,

Guilliers, St-Malo-des-Trois-Fontaines et dans le canton de Plumieux (Côtes-du-Nord).

207. **Coiffe** (tulle brodé), dite *Catiole*, pour mariées élégantes, en usage à Saint-Méen, Merdrignac, Mauron, La Trinité-Porhoët.

208. **Coiffe** (coton), dite *Capot*, pour les personnes âgées. Se porte à la Trinité, Mahon, Ménéac, Evriguet, Guilliers et dans le canton de Plumieux (Côtes-du-Nord).

Canton de Malestroit

On trouve quatre spécimens de coiffes dans ce canton : 1° une coiffe très petite et très coquette, dite *Coiffe de ville*. On ne la porte qu'au chef-lieu, sans bonnet. Elle laisse à découvert toute la chevelure nattée et enroulée en chignon ; 2° une coiffe plus grande et très originale, dite *Coiffe de campagne*. Cette dernière coiffe est en usage dans toutes les communes du canton, quoique variant un peu d'une commune à l'autre, non dans la forme essentielle, mais dans la longueur ou la largeur des bandes employées à sa confection.

209. **Coiffe** (broderie et dentelle), dite *Coiffe de ville* de Malestroit. Pour deuil cette coiffe se fait unie et en gaze.

210. **Coiffe** (gaze et dentelle), dite *Coiffe de campagne*, avec bonnet (tulle brodé).

Se porte dans tout le canton de Malestroit, les cheveux séparés par devant, et roulés, par derrière, dans le fond de la coiffe.

211. **Coiffe** de Ruffiac, portée par les jeunes femmes.

Canton de Mauron

Il y a six espèces de coiffes dans ce canton : la *Marie-Louise*, la *Coiffure*, la *Coiffe double*, la *Catiole*, le *Bonnet*, la *Polka*. Les trois premières coiffes sont les plus anciennes.

212. **Coiffe** (tulle brodé), dite *Marie-Louise*, en usage à Mauron, Saint-Léry, Concoret.

213. **Coiffe** (tulle brodé), dite *Coiffure* ou *Catiole*, en usage à Mauron, Saint-Léry, Concoret, Briac et Saint-Brieuc-de-Mauron. Est portée surtout par les jeunes filles. Le même genre de coiffe, mais bien plus petite, est aussi en usage dans les mêmes communes.

214. **Coiffe** double (mousseline), en usage dans tout le canton de Mauron, excepté à Tréhorenteuc. Elle n'est portée aujourd'hui que par les femmes âgées. Cette coiffe se fait un peu moins longue dans la commune de Néant.

215. **Coiffe** dite *Coiffette* (tulle brodé), en usage dans tout le canton de Mauron, sauf à Tréhorenteuc, dont la coiffure

se rapproche beaucoup de celle de
Ploërmel.

Canton de Rohan

Il y a dans le canton de Rohan, qui compte
9 communes, vint spécimens de coiffes, tant
anciennes que modernes.

Canton de Saint-Jean-Brévelay

Il existe quatre ou cinq spécimens de coiffes
dans ce canton.

216. **Coiffe** dite *Bicorne*, en usage à Saint-
Jean-Brévelay.

217. **Coiffe** dite *Capot* (mousseline imprimée
garnie de dentelle). Se porte à Bignan
(canton de Saint-Jean-Brévelay).

218. **Coiffe** (mousseline), dite la *Galèse*, en
usage à Plumelec.

219. **Coiffe** (mousseline), dite *Pignon*, en
usage à Guéhenno.

220. **Coiffe** (laine garnie de velours), ditë
Béguin, en usage à Buléon.

ARRONDISSEMENT DE PONTIVY

Canton de Pontivy

Il existe trois spécimens de coiffes dans le
canton de Pontivy. La coiffe dite de Pontivy ;
le *capot* en drap noir garni de velours et

doublé d'un tissu de laine ordinairement rouge ; un troisième spécimen en usage dans les environs de Rohan.

221. **Coiffe** dite de Pontivy (gaze), avec bonnet (tulle brodé). Elle est en usage dans les communes de Pontivy, Noyal, Saint-Gérant, Le Sourn, Neuillac, Cléguérec. Dans la commune de Saint-Thuriau, quelques personnes, des jeunes filles principalement, portent cette coiffe.

Canton de Baud

Il y a cinq spécimens de coiffes dans ce canton, savoir : un *capot blanc*, un *capot noir*, une *coiffe à deux cornes*, une *coiffe d'artisane* de la ville, *l'ancien capot blanc*.

222. **Capot blanc** (mousseline imprimée), avec coiffette d'été — Baud. La plupart des jeunes filles de Baud portent cette coiffe toute l'année. Elle est en usage dans les mêmes communes que le *capot* noir.

223. **Capot noir** (mérinos avec bande de velours), avec coiffette. Coiffure d'hiver pour les jeunes personnes et coiffure habituelle des personnes âgées. En usage dans les communes suivantes du canton de Baud : Baud, Guénin, Saint-Barthélemy, Bieuzy, Pluméliau ; du canton de Locminé : Locminé, Remengol, Moustoirac, Moustoir-Re-

mengol, Moréac, Plumelin, La Chapelle-Neuve ; du canton de Pluvigner : Camors ; du canton de Saint-Jean-Brévelay : Saint-Jean-Brévelay, Colpo, Bignan.

224. **Coiffe** de Baud (1860).

225. **Coiffe à cornes** de Baud (tulle brodé), avec bonnet. Cette coiffe est la coiffure de cérémonie de toutes les personnes qui portent le *capot noir* et le *capot blanc*. Elle est en usage dans les mêmes communes. Les paysannes riches paient 100 ou 120 francs pour faire broder une coiffe de mariée. La coiffette, qui se porte avec la *coiffe à cornes* (coiffe de paysanne), est toujours en tissu de fleurs ou brodée.

Coiffe d'artisane (tulle brodé), avec coiffette (tulle uni). Cette coiffe se porte seulement à Baud.

226. **Capot blanc** ancien de Baud (coton imprimé), avec coiffette. Il n'est porté actuellement que par deux ou trois octogénaires. Il est plus petit que le capot nouveau. On ne l'empèse pas.

Canton de Cléguérec

Il y a quatre coiffes dans le canton : la coiffe de Cléguérec, la coiffe de Saint-Aignan, la coiffe de Sainte-Brigitte, la coiffe de Séglien.

227. **Ancienne coiffe** de Cléguérec (gaze), avec bonnet et ruban de soie bleu clair.

Ancienne coiffe de Cléguérec (mousseline), avec bonnet et ruban de soie violet.

228. **Coiffe** de Saint-Aignan (tulle brodé), avec bonnet, et aussi de Mûr (Côtes-du-Nord), dite la *Galèse*.

229. **Coiffe** de Séglien et de Guémené, dite la *Pourlette* (gaze et dentelle au crochet), avec bonnet et ruban de soie bleu.

230. **Coiffe** de Sainte-Brigitte et aussi de Gouarec (Côtes-du-Nord), dite la *Galèse* (tulle brodé), avec bonnet.

Canton du Faouët

Il y a cinq genres de coiffes dans le canton du Faouët : la *coiffe d'artisane*, la *coiffe paysanne*, dite *Jobeline*, la *petite coiffe*, le *capot*, la *coiffe à fond carré*.

231. **Coiffe** du Faouët ancienne.

232. **Bonnet** d'enfant du Faouët.

233. **Bonnet** de baptême du Faouët.

234. **Coiffe d'artisane** du Faouët (tulle brodé avec nœud de ruban satin blanc).

235. **Coiffe paysanne** de cérémonie, portée au Faouët et à Lanvenegen (tulle brodé, avec béguin et ruban de satin rouge).

236. **Coiffe** de cérémonie, portée à Berné et à Meslan (tulle brodé), avec béguin et ruban de soie mauve).

237. **Capot** en usage au Faouët et à Priziac (drap noir, satin de laine et velours).

Capot d'hiver en usage dans tout le canton du Faouët (drap noir, velours et coton).

Canton de Gourin

Les femmes du canton de Gourin, outre la coiffe dite *nationale*, portent trois coiffures différentes. Les femmes des commerçants ont une coiffure spéciale. Les paysannes de Gourin, du Saint et de Roudouallec ont la même coiffure ; celles de Langonnet ont une coiffure spéciale assez laide. Les paysannes de Plouray portent la coiffe de Guémené.

238. **Coiffe d'artisane** de Gourin.

239. **Coiffe** des paysannes de Roudouallec et de Gourin (filet brodé), avec bonnet (tulle noir). Le bonnet se place sur les cheveux arrangés de manière à former bourrelet autour du fond.

240. **Coiffe** des dimanches et de cérémonie des paysannes de Langonnet, dite *Jobeline* (piqué blanc), avec bonnet et serre-tête coton bleu.

241. **Coiffe** des paysannes de Plouray (gaze brodée). avec bonnet et ruban.

Canton de Guémené

Il y a dans ce canton deux sortes de coiffes : la *coiffe blanche*, pour l'été et les grandes fêtes ; le *capot noir*, pour l'hiver et pour tous les jours.

242. **Coiffe** de Guémené-Scorff (tulle brodé), avec béguin et ruban de soie rouge (Libden).

Canton de Locminé

Il existe deux spécimens de coiffes dans le canton : la coiffe de la campagne et celle de la ville. La coiffe des communes rurales est la même que celle qui est en usage dans les cantons de Baud et de Saint-Jean-Brévelay.

243. **Coiffe** (tulle brodé et broderie appliquée), dite *Coiffe locminoise*, en usage à Locminé.

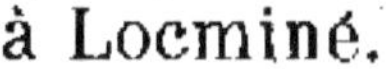

Le Musée de Keriolet *est ouvert tous les
jours, de neuf heures à cinq heures, le lundi
matin excepté. Le prix des entrées est fixé
par personne à o fr. 5o, et à o fr. 15, les
dimanches et jours fériés, dans l'après-midi
seulement.*

*A titre exceptionnel, des billets à o fr. 15
peuvent être délivrés tous les jours aux insti-
tutions scolaires et aux personnes faisant
partie d'un groupe d'au moins dix individus
venant visiter le domaine à l'occasion d'un
mariage.*

*Des cartes à souches dites d'abonnement,
valables du 1er juin au 1er octobre de chaque
année peuvent être délivrées par le Régisseur
dans les conditions suivantes :*

*5 francs pour une seule personne, 8 francs
pour deux personnes, 1o francs pour trois
personnes, 15 francs pour une famille.*

*Ces cartes confèrent le droit de visiter le
Manoir, le Musée et de se promener dans le
Parc.*